Overseas Subsidiary Audit Programs

海外子会社の監査プログラム

すぐに役立つ英和対照チェックリスト

公認会計士
田中達人［著］
Tanaka Tatsuhito

中央経済社

は じ め に

　親会社の監査役は，海外子会社に対し，何を，どこまで，どう監査したらいいのでしょう。往査日程も限られています。言語も違います。法制度も違います。悩みは尽きません。

　重要な海外子会社であれば，日頃，会計監査や国際標準規格の認証審査，顧客によるサステナビリティ監査など，さまざまな監査を受けています。そのような海外子会社の現地経営者・幹部は，監査対応に慣れているので，対峙する監査人に対しても厳しい見方をします。親会社の監査役は，そのような現地経営者や幹部に対峙した時，高度な仕事を遂行できるでしょうか。

　本書は，多くの悩みやプレッシャーを抱える監査役に対し，海外子会社に対する監査作業のイメージを提供します。監査作業のイメージは，監査役に対する「作業指示」という形式で示しています。そのような「作業指示」のことを本書では「監査プログラム」，あるいは，単に「プログラム」と呼んでいます。

　プログラムに従って作業を遂行すれば，多くの問題点やリスクが発見できるでしょう。監査プログラムは英語も併記しているので，海外での作業に役立つはずです。

　さらに，監査プログラムに従った作業を監査調書として残しておけば，注意義務を果たした証拠にもなりますし，報告書として問題点や改善提案を現地経営者に示せば，彼らも監査役の高度な専門性を認識するはずです。本書では，そのような問題指摘や改善提案の文例も英語で紹介しています。

　上場企業を見ますと，ガバナンス体制を監査役（会）設置会社から監査等委員会設置会社へ変更する例が増えています。監査役（会）設置会社とは異なり，監査等委員会設置会社では，取締役（監査等委員）が自社の内部監査部門に指示を出すことが"制度上は"可能となるので，本書で紹介されているプログラムを内部監査部門へ示せば，的確な指示を出すことができます。

　あるいは，内部監査部門の責任者が自部門の未熟な部下に作業指示を与える

ような時にも活用できます。

　本書は，最初から最後まで通して読むようなものではありません。必要な時に必要な個所をめくって，参考書として使ってもらうことを想定しています。

　たとえば，海外の製造子会社へ出張するような時には，是非，生産管理・在庫管理や購買・仕入債務管理の章を確認してみてください。そこで紹介されている監査プログラムを参考に，自社に合うよう修正して使っていただければ，必ず成果が得られるはずです。

　本書が海外子会社に対する監査に役立つのであれば，なによりです。

　末筆ながら，本書の出版を支援してくださった株式会社中央経済社の田邉一正氏と小坂井和重氏に心から感謝を申し上げます。

　2025年2月

田 中 　達 人

《読者の皆様へ》

■監査？　調査では？

　会社法上，親会社の監査役が子会社を調べることを「監査」ではなく，「調査」と呼んでいます（会社法第381条第2項，第399条の3第2項および第405条第2項）。しかし，本書は学術書や法律書ではありませんので，平易な表現として，「監査」とか「往査」という言葉を使っています。

■監査に携わる役員の呼称

　ガバナンス体制の違いによって，監査に携わる役員の呼称が変わります。監査役（会）設置会社では「監査役」，監査等委員会設置会社では「取締役（監査等委員）」，指名委員会等設置会社では「取締役（監査委員）」と呼ばれます。これら監査に携わる役員を総称して，「監査役等」とか，「監査役員」というように呼称することもありますが，本書では，ガバナンス体制の違いに関係なく，監査に携わる役員を，単に「監査役」と呼んでいます。

■監査プログラムの補正・追加

　本書は，海外子会社のマネジメントに対する監査から業務に対する監査まで，幅広く監査プログラムを紹介しています。海外子会社を訪問する前には，その子会社の何がリスクなのか，また，何を優先的に監査すべきなのかを検討し，それに合った監査プログラムを本書から選択してください。選択したプログラムはそのまま使用せず，監査目的が達成できるよう，適宜，補正・追加してください。

■監査手法と検証力

　監査には，さまざまな手法があります。たとえば，担当者・責任者への質問（Inquiry），担当者の業務や行動の観察（Observation），文書の閲覧（Inspection），監査役自ら手続を再実施してみること（Re-performance）などがあります。どの手法を採用するかによって，得られる心証が違います。たとえば，口頭で得られた回答よりも，文書を閲覧するほうがより強い心証を得ることができますし，文書を

閲覧するにせよ，文書原本なのか，コピーなのか，文書が組織内部で作成されたものなのか，外部で作成されたものなのか，あるいは，会社から入手したものなのか，外部から直接入手したものなのかによって，心証に違いが生じます。

　本書では，「尋ねなさい」とか，「文書を閲覧しなさい」など，いくつかの監査手法を紹介していますが，海外子会社の重要度や管理レベル，現地経営者や幹部の誠実性などに応じて，監査手法を決めてください。

■サンプル・チェック

　本書は，内部統制システムの「整備」に対する監査プログラムと「運用」に対する監査プログラムが混在しています。「整備」は，企業が健全かつ効率的に事業活動を行うための仕組み（ルールの策定や組織・システム構築など）ですので，関連するルールや組織図などを閲覧したり，プロセスの流れを追跡したりすることによって評価しますが，「運用」はその仕組みを日々動かすことですので，日々の活動をチェックしないと評価できません。

　本書では，運用に対する監査方法として，"非確率的"なサンプリング手法を紹介しています。たとえば，「xx（ソース・データ）から10件の活動データを選択し，yy（他の証拠）と照合しなさい」というようなプログラムです。これが"確率"サンプリング（ランダム・サンプリングなど）であれば，サンプル・チェックの数は，母集団の大きさを所与として，信頼水準と許容誤差を考慮して決めるのですが，本書では，そのような確率的サンプリングではなく，非確率的サンプリング（無作為サンプリングや判断的サンプリング）を主に紹介しています。

　よって，本書のプログラム例で紹介している5件とか10件というようなサンプル数はサンプル・チェックの標準値ではありませんので，ご注意ください。なお，サンプル・チェックは伝統的な監査手法です。将来，テクノロジーが進化し，母集団を全件チェックして異常値を識別できるような手法が監査役にも使えるようになれば，サンプル・チェックという手法は古いものになるでしょう。

■問題指摘の記述方法

　本書では各節の終わりに，海外子会社の問題点やリスクを指摘した文章の例を紹介しています。これには，さまざまな記述方法がありますが，本書では，次の4構

成にしています。

1) Fact……問題点の背景や事実の説明

2) Issue/Problem/Risk……子会社における問題点や識別されたリスク

3) Recommendation/Suggesion……問題点やリスクに対する監査役からの改善提案・助言

4) Management Comments/Response to the Recommendation or Suggestion……上記改善提案や助言に対する現地経営者・幹部のコメントや反論

■本書で取り扱っていない分野

本書では，以下については取り扱っていません。

➤ 監査計画書の作成——海外子会社に関する情報の収集，財務や非財務情報の分析，子会社における固有リスクの識別や評価，調査の重点分野・事項の選定，往査日程の決定，往査担当者のアサイメントなど，これらをまとめた文書の作成は，本書で扱っていません。

➤ 監査調書の作成——監査において実施した質疑応答や閲覧した書類，現場視察などの詳細を記述した書類の記載方法については，本書で扱っていません。

➤ 監査結果報告書の作成——海外子会社を往査した後，監査概要（スケジュール，監査担当者，監査手法など），監査重点領域，発見した問題・リスクなどをまとめた文書については，本書で扱っていません。ただし，監査結果報告書に織り込まれる「問題指摘」については，前述したとおり，各節末尾に文章例を紹介しました。監査結果報告書については，作成する監査役もいれば，あえて作成しない監査役もいらっしゃいます。ただ，これを作成すれば，現地経営者に対する講評資料として，監査の公正性を示すことができますし，監査での気付きを現地経営者に検討してもらうこともできます。親会社の取締役への回覧資料にもできます。よって，特別の理由がない限り，子会社監査終了後には，監査結果報告書を作成するのが，良いプラクティスかと思われます。

目　　　次

はじめに　*i*

読者の皆様へ　*iii*

第 I 章　海外子会社における現地ガバナンス
Local Governance in Overseas Subsidiaries ———————— *1*

1. 現地株主総会および株主に関連する事項
Local Shareholders' Meetings and Shareholder-related Matters ········ *1*

1-1.　現地株主総会　　Local Shareholders' Meetings／*1*

1-2.　株主間協定／ジョイント・ベンチャー契約　　Shareholders' Agreement／JV Agreement／*2*

1-3.　少数株主　　Minority Shareholders／*3*

■本節に関連する監査報告書の例／*4*

2. 現地取締役会　　Local Board of Directors' Meetings ·············· *5*

2-1.　現地取締役会　　Local Board of Directors' Meetings／*5*

■本節に関連する監査報告書の例／*8*

3. 現地経営者による不正行為の防止
Preventing Misconduct by Local Top Management ······················· *9*

3-1.　親会社からのプレッシャー　　Pressure from the Parent Company／*10*

3-2.　非経常的な取引　　Unusual Transactions／*10*

3-3.　利益相反　　Conflict of Interest／*11*

3-4.　内部通報システム　　Whistle-blowing Mechanism／*12*

■本節に関連する監査報告書の例／*13*

II

第Ⅱ章　海外子会社におけるリスク管理

Local Risk Management ——————————————— *15*

1. リスクの識別・評価およびリスク対応

Risk Identification/Assessment and Response to Risks ·················· *15*

1-1. リスクの識別　Risk Identification／*15*

1-2. リスク評価　Risk Assessment／*16*

1-3. リスクへの対応　Response to Risks／*17*

■本節に関連する監査報告書の例／*18*

2. 参考：リスク・プロファイル/海外子会社における代表的なリスク

Ref.：Risk Profile/ Typical Risks in overseas subsidiaries ·············· *19*

2-1. 現地政治に関するリスク　Local Political Risks／*20*

2-2. 現地経済に関するリスク　Local Economic Risks／*20*

2-3. 社会運動などに関するリスク　Risks related to Social Movements/Campaigns, etc.／*21*

2-4. テクノロジーに関するリスク　Risks related to Technology／*21*

2-5. 法律上のリスク　Legal Risks／*22*

2-6. 労務上のリスク　Laber related Risks／*24*

2-7. 事業および環境に関するリスク　Risks related to Business and Environment／*25*

3 事業継続計画　Business Continuity Plan ··························· *26*

3-1. 事業継続計画　Business Continuity Plan（BCP）／*26*

■本節に関連する監査報告書の例／*27*

第Ⅲ章　コンプライアンスと統制環境

Compliance and Control Environment ——————————— *29*

1. 法令遵守　Legal Compliance ·· *30*

目　次　*III*

1-1. 法定書類　　Legally Defined Documents／*30*

1-2. 事業の法令遵守　　Business Compliance／*31*

■本節に関連する監査報告書の例／*32*

2. 統制環境　　Control Environment ……………………………… *34*

2-1. 企業理念　　Corporate Philosophy／*34*

2-2. 行動規範　　Code of Conduct／*34*

2-3. トップの姿勢　　Tone at the Top／*35*

2-4. 戦略，計画および予算　　Strategy, Plan and Budget／*36*

2-5. 組織および社内規則　　Organization and Internal Rules／*38*

2-6. 職務分掌　　Segregation of Duties／*40*

2-7. 内部監査　　Internal Audit／*42*

■本節に関連する監査報告書の例／*43*

3. 財務報告（会計監査およびタックス・マネジメントを含む）

Financial Reporting（incl. Financial Audit and Tax Management）…… *44*

3-1. 財務報告の基盤　　Financial Reporting Infrastructure／*45*

3-2. 会計分野の代表的トピックス　　Typical Topics in Accounting Area／*46*

3-3. 会計監査　　Financial Audit／*48*

3-4. タックス・マネジメント　　Tax Management／*50*

■本節に関連する監査報告書の例／*50*

4. サステナビリティ　　Sustainability …………………………… *52*

4-1. 憲章/規則　　Charter／Regulations／*52*

4-2. 組織　　Organization／*53*

4-3. 戦略　　Strategies／*53*

■本節に関連する監査報告書の例／*55*

IV

第Ⅳ章　情報システム管理および情報セキュリティ
Information System Management and Information Security ———— *59*

1. 戦略および計画　Strategy and Plan ……………………… *59*

2. ITインフラ　IT Infrastructure ………………………………… *60*

3. 職務分掌　Segregation of Duties ……………………………… *62*

4. デバイス管理　Device Management ………………………… *64*

5. ソフトウェア管理　Software Management …………………… *67*

6. アクセス・コントロール　Access Control ………………… *71*

7. 情報セキュリティおよびデータ管理
Information Security and Data Management ……………………… *72*
■本節に関連する監査報告書の例／*75*

第Ⅴ章　人材管理　Human Resource Management ———————— *79*

1. コンプライアンス　Compliance ……………………………… *79*
1-1. 法令遵守　Compliance／*79*
1-2. 不正防止　Fraud Prevention／*80*
■本節に関連する監査報告書の例／*81*

2. 人材管理　Human Resource Management ……………………… *83*
2-1. 採用/雇用　Recruitment/Employment／*83*
2-2. 給与計算　Payroll／*86*
2-3. 業績評価　Performance Evaluation／*87*
2-4. インセンティブおよび賞与　Incentives and Bonuses／*88*
2-5. 福利厚生/役員特権　Benefits/Welfare/Perks／*89*
2-6. 教育/訓練　Education and Training／*90*

目　次　*V*

2-7.　昇進/降格　　Promotion/Demotion／*91*

2-8.　解雇/退職　　Dismissal/Retirement／*92*

2-9.　その他　　Other／*93*

■本節に関連する監査報告書の例／*94*

第Ⅵ章　販売および売上債権管理

Sales and A/R Management ———————————— *97*

1. 営業における職務分掌
Segregation of Duties in Sales Operation ································ *97*

1-1.　職務分掌　　Segregation of Duties／*98*

■本節に関連する監査報告書の例／*99*

2. 販売管理　　Sales Management ·· *100*

2-1.　マーケティング/営業活動　　Marketing/Sale Activities／*101*

2-2.　信用管理　　Credit Control／*101*

2-3.　契約　　Contract／*102*

2-4.　製品出荷　　Product Delivery／*103*

2-5.　顧客情報管理　　Customer Information Management／*104*

■本節に関連する監査報告書の例／*104*

3. 売上債権管理　　Accounts Receivable Management ············· *106*

3-1.　請求書の発行　　Invoicing／*107*

3-2.　現金回収管理（消し込み）　　Cash Collection Management
（Cash Application）／*109*

■本節に関連する監査報告書の例／*111*

第Ⅶ章　購買および仕入債務管理
Purchase and A/P Management —————————— 115

1. 調達部門の職務分掌
Segregation of Duties in Purchase Department ························ 115

    1-1.　職務分掌　　Segregation of Duties／116

    ■本節に関連する監査報告書の例／117

2. 購買管理　　Purchase Management ······························· 119

    2-1.　仕入先の選定　　Supplier Selection／119

    2-2.　契約および発注　　Contracting and Purchase Order／121

    2-3.　検品　　Acceptance Inspection／122

    2-4.　マスターファイル管理　　Master File Management／123

    ■本節に関連する監査報告書の例／124

3. 仕入債務管理　　Accounts Payable Management ················ 126

    3-1.　支払手続　　Payment Procedures／126

    3-2.　債務残高の確認　　Confirmation of Payable Balance／127

    ■本節に関連する監査報告書の例／128

第Ⅷ章　生産および在庫管理
Manufacturing and Inventory Management —————————— 131

1. 工場の組織と職務分掌
Organization and Segregation of Duties in Factories ·················· 131

    1-1.　組織　　Organization／131

    1-2.　職務分掌　　Segregation of Duties／133

    ■本節に関連する監査報告書の例／134

2. 生産管理　　Manufacturing Management ·························· 135

    2-1.　生産計画　　Manufacturing Plan／135

2-2. 生産現場　Production Site／*136*

2-3. 労務管理　Labor Management／*140*

2-4. 設備管理　Equipment Management／*142*

2-5. 原価管理　Cost Manegement／*143*

2-6. 安全管理　Safety Management／*145*

2-7. 環境管理　Environmental Management／*148*

■本節に関連する監査報告書の例／*150*

3. 品質管理　Quality Management ······························· *152*

3-1. 品質保証システム　Quality Assurance System／*153*

3-2. 品質管理　Quality Control／*155*

3-3. 品質試験　Quality Testing／*162*

■本節に関連する監査報告書の例／*163*

4. 在庫管理　Inventory Control ······························· *165*

4-1. 現品管理　Physical Control／*166*

4-2. 在庫管理　Inventory Control／*167*

■本節に関連する監査報告書の例／*169*

第Ⅸ章　固定資産管理
Management of Tangible and Intangible Assets ──────── *173*

1. 現物管理/保全　Physical Control/Safeguard ·················· *173*

1-1. 固定資産台帳　Tangible and Intangible Asset Ledger／*173*

1-2. 有形固定資産の保全　Safeguard of Tangible Assets／*174*

■本節に関連する監査報告書の例／*175*

2. 取得・除却・処分　Acquisition, Retirement and Disposal ··· *177*

2-1. 取得および資本的支出　Acquisition and Capital Expenditures／*177*

2-2. 除却・処分　Retirement and Disposal／*179*

VIII

■本節に関連する監査報告書の例／*180*

3. その他資産（会員権など）
Other Assets（memberships, etc.）···*182*

3-1. その他資産管理　　Other Asset Management／*182*

■本節に関連する監査報告書の例／*184*

第X章　資金管理 Cash Management ——————————— *187*

1. 小口現金管理　　Petty Cash Management ···························*187*

1-1. 職務分掌　　Segregation of Duties／*188*

1-2. 手許現金　　Cash on Hand／*189*

1-3. 出金　　Payments／*190*

1-4. 前払金　　Cash Advances／*190*

1-5. 現金実査　　Cash Counts／*191*

1-6. 保管　　Safekeeping／*192*

■本節に関連する監査報告書の例／*192*

2. 銀行預金管理　　Bank Account Management ·····················*194*

2-1. 職務分掌　　Segregation of Duties／*194*

2-2. 通帳・小切手帳の保管　　Maintenance for Passbooks and Checkbooks／*195*

2-3. 銀行振込み/送金　　Transfer/Remittances／*196*

2-4. 残高調整　　Balance Reconciliation／*197*

2-5. 銀行確認　　Bank Confirmation／*198*

2-6. 資金繰り　Cash Flow Forecasts／*199*

■本節に関連する監査報告書の例／*200*

目　次　IX

第XI章　経費管理　Operating Expense Management ———— 203

1. 経費管理　Expense Management ····································· 203

1-1.　予算管理　　Budget Control／203

1-2.　経費精算管理　　Expense Settlement Management／203

■本節に関連する監査報告書の例／204

2. リスクの高い経費の管理
Management of High-risk Expenses ····································· 207

2-1.　出張　　Business Travel／207

2-2.　交際接待および贈答　　Entertainment and Gift／208

2-3.　寄付　　Donations／210

2-4.　コーポレート・クレジットカード　　Corporate Credit Card
／210

■本節に関連する監査報告書の例／211

【付録】日本監査役協会ツール
「往査ヒアリングチェックリスト」との関連／215

参考文献　227

あとがき　229

索　　引　231

第Ⅰ章

海外子会社における現地ガバナンス
Local Governance in Overseas Subsidiaries

　海外子会社の株主総会，取締役会および役員関係事項に対してどのような監査を行うのかの監査プログラム例を紹介しています。

1. 現地株主総会および株主に関連する事項
Local Shareholders' Meetings and Shareholder-related Matters

　以下は，子会社の株主総会が適切に開催されていることを確かめる監査プログラムの例です。
　新しく設立した子会社においては，株主総会に関する規則そのものが整備されていないおそれがありますし，また，他社と合弁で設立したジョイント・ベンチャー（JV）については，株主間協定が現地経営者に十分に周知徹底されていないおそれがあります。よって，これらの事項を確認する監査手続の例を紹介しています。

1-1. 現地株主総会　Local Shareholders' Meetings

1-1-1	(事前確認) 子会社を訪問する前に現地の法律や規則をチェックし，株主総会に関する現地の基本的な要求事項を理解しておきなさい。 (Preliminary Check)

	Before visiting the subsidiary company, check local laws and regulations to understand local basic requirements regarding shareholders' meetings.
1-1-2	**（社内規則）** 子会社の現地経営者に次の質問を尋ねなさい。 　　i ）　あなたの会社は，株主総会に関する社内規則を整備していますか。 　　ii ）　現地の法律や規則によると，あなたの会社は，１年間に何度株主総会を開催しなければなりませんか。 　　iii ）　実際に何度開催しましたか。それはいつでしたか。 　　iv ）　議事録は作成し，保存していますか？ _____ **（Internal Rules）** Ask the following questions to local management of the subsidiary: 　　i ）　Has your company established internal rules regarding shareholder's meetings? 　　ii ）　How many times per year is your company required to hold general shareholder's meetings according to local laws and regulations? 　　iii ）　How many times this year did your company hold the shareholders' meetings? When were they held? 　　iv ）　Are minutes prepared and retained?
1-1-3	**（現地の要件）** 社内規則を閲覧し，その規則に総会の招集方法，定足数，議案の提起方法，議案の承認方法などの定めがあることを確認しなさい。 _____ **（Local Requirements）** Review the internal rules to ensure that they include provisions addressing procedures for convening meetings, requirements for quorum, guidelines on setting the agenda, processes for approving the agenda, and etc.

1-2. 株主間協定/ジョイント・ベンチャー契約

Shareholders' Agreement / JV Agreement

1-2-1	**（株主間協定/JV契約）** 一部出資した関連会社を訪問する場合，訪問前に株主間協定（あるいはジョイント・ベンチャー契約）を閲覧しておきなさい。

第 I 章　海外子会社における現地ガバナンス　　**3**

	(Shareholders' Agreement/ JV Agreement) If you visit an affiliate company that is partially-owned by the parent company, review the shareholders' agreement (or a joint venture agreement) before visiting.
1-2-2	(契約要件の把握) 往査した関連会社の経営者に次の質問を尋ねなさい。 　ⅰ）あなたは，株主間協定（あるいはジョイント・ベンチャー契約）を保持していますか。 　ⅱ）あなたは，その協定（あるいは契約）に定められている重要な要求事項は何ですか。 (Understanding Requirmens in the Agreement) Ask the following questions to the top management of the affiliate company that you visit: 　ⅰ）Have you retained the shareholders' agreement (or joint venture agreement)? 　ⅱ）What are important requirements in the agreement that your company must adhere to?
1-2-3	(株主間紛争の有無) 株主間で紛争がないかを現地経営者に尋ねなさい。 (Disputes/Conflict between Shareholders) Ask the top management of the affiliate whether they have any disputes/conflicts with other shareholders or joint venture partners.

1-3.　少数株主　Minority Shareholders

1-3-1	(少数株主対応) 子会社に少数株主がいる場合，多数派の支配株主による濫用的な権利行使を防止し，少数株主の利益を保護する姿勢があるか，現地経営陣に尋ねなさい。 (Dealing with Minority Shareholders) If the subsidiary has minority shareholders, ask the local management whether they have a policy to prevent abusive exercise of rights by the

majority controlling shareholders and protect the interests of minority shareholders.

■本節に関連する監査報告書の例

100%出資の子会社であれば，親会社の意思や判断によって，子会社の体制や方針を決められるため，問題が発生した場合の方針決定にはそれほど多くの時間を要しません。しかし，ジョイント・ベンチャーになると，複数の当事者がいるため，事前の取り決めがないと，株主間の紛争は容易に解決できません。

以下は，JV契約の不備を指摘した報告書の文例です。

Ownership, use and protection of IPs that the joint venture may create should be specifically determined in the JV agreement:

Fact —
Based on our review of the joint venture agreement, we found that there is no clause in the joint venture agreement addressing the ownership, use, and protection of intellectual properties (IPs) created during the joint venture.

Risk —
Without clauses regarding IP rights and interests, there is a risk that future disputes may arise between the joint venture parties.

Recommendation —
We recommend that the JV's management arranges discussions between the joint venture partners to determine the ownership, use and protection of IPs that the joint venture may create.

Management Comments (Response to the Recommendation) —
I agree. I will arrnange the discussions between the JV partners.
(Mr. xxxx, local CEO)

(参考訳)
合弁契約における知財条項の欠落について

第Ⅰ章　海外子会社における現地ガバナンス　　*5*

背景 ―
ジョイント・ベンチャー（JV）契約を閲覧したところ，合弁事業中に創り出された知的財産（IP）の所有権，使用および保護について定めた条項がJV契約書に存在しないことが判明しました。

リスク ―
知的財産の権利と利益に関する条項がないと，将来，合弁当事者間で紛争が発生するリスクがあります。

改善提案 ―
JVの経営者は合弁パートナー間の協議を設定し，合弁事業によって創出される知的財産の所有権，使用権，保護の取扱いを決定すべきです。

マネジメント・コメント（改善提案に対する現地経営者の回答） ―
同意します。双方で協議できるよう，調整します。
（現地CEO xxx氏）

2.　現地取締役会　Local Board of Directors' Meetings

　取締役会の開催回数が法律で定められていないような国では，取締役会開催への注意がおろそかになるため，取締役会で決議しなければならない議案があるにもかかわらず，取締役会の開催を失念してしまうようなことがあります。

　以下は，海外子会社の取締役会が適切に開催されていることを確かめる監査プログラムの例です。子会社ではあまり馴染みのない取締役会の実効性評価や取締役会メンバーの多様性に関するプログラムも紹介していますが，これらの監査を実施すべきかどうかは，親会社の子会社に対する統治方針，100%保有の子会社か部分出資か，上場子会社かどうかなどによって異なってくるでしょう。

2-1.　現地取締役会　Local Board of Directors' Meetings

2-1-1	**（事前確認）** 子会社を訪問する前に現地の法律や規則をチェックし，取締役会に関する現地の基本的な要求事項を理解しておきなさい。

(Preliminary Check)

Before visiting the subsidiary company, check local laws and regulations to understand local basic requirements regarding board of directors' meetings.

2-1-2	**(取締役会)** 子会社の現地経営者に次の質問を尋ねなさい。 　　i ）　あなたの会社は，取締役会に関する社内規則を整備していますか。 　　ii ）　現地の法律や規則によると，あなたの会社は，1年間に何度取締役会を開催しなければなりませんか。 　　iii）　実際に何度開催しましたか。それはいつでしたか。 　　iv）　議事録は作成し，保存していますか。 　　v ）　取締役会は，専門性，性別，能力などの面でバランス（多様性）のとれたメンバー構成になっていますか。 　　vi）　取締役会メンバーは，遵守しなければならないグループ方針の内容を理解していますか？ **(Board of Directors' Meetings)** Ask the following questions to local management of the subsidiary: 　　i ）　Has your company established internal rules regarding the board of directors meetings（"the Board meetings"）？ 　　ii ）　How many times per year is your company required to hold the Board meetings according to local laws and regulations? 　　iii）　How many times this year did your company hold the the Board meetings? When were they held? 　　iv）　Are minutes prepared and retained? 　　v ）　Are the members of the Board well-balanced in terms of specialty, gender, skills, etc.? 　　vi）　Do the Board members understand our group policies that they must adhere to?
2-1-3	**(要件)** 社内規則を閲覧し，その規則に取締役会の招集方法，定足数，議案の提起方法，議案の承認方法などの定めがあることを確認しなさい。 **(Requirements)** Review the internal rules to ensure that they include provisions addressing procedures for convening meetings, requirements for quorum,

	guidelines on setting the agenda, processes for approving the agenda, and etc.
2-1-4	（実効性評価） 取締役会の実効性を評価したかどうか子会社の経営者に尋ねなさい。もし，評価したとの回答であれば，評価書を閲覧し，次のポイントが評価されたかどうか確認しなさい。 　　i）各取締役会メンバーは，取締役会にて自由闊達に議論ができると感じているかどうか。 　　ii）現地役員および従業員が意見を言えるような企業風土を現地トップが醸成しようとしているかどうか。 （Board Effectiveness） Ask the top management of the subsidiary whether he/she has ever evaluated the effectiveness of the Board? If yes, review the evaluation report to ensure the following points are evaluated: 　　i）Whether each board member feels able to discuss freely and openly at the Board meeting. 　　ii）Whether the local top management fosters an open-minded culture where all directors and employees feel comfortable expressing their opinions.
2-1-5	（法令遵守および実効性） 上記の監査手続に基づき，現地取締役会が現地の法律・規則および社内規則に準拠して開催されたかどうか，そして，取締役会に実効性があるかどうかについて結論付けなさい。 （Compliance and Effectiveness） Based on the above audit procedures, conclude whether the local Board meetings were held in compliance with the local laws/regulations and the company rules and whether the Board meetings are effective.
2-1-6	（独立社外取締役） 子会社にて，独立社外取締役が任命されている場合，その在任期間を現地CEOに尋ね，在任期間が長すぎないかを判断しなさい。 （Independent Directors） If the subsidiary company has appointed independent directors, ask the local CEO how long they has served and determine whether they have been in the position for too long.

■本節に関連する監査報告書の例

　海外子会社は，完全子会社であったとしても，法的に別人格です。また，現地法令を遵守しなければなりませんので，親会社はその独立性を犯さないような統治を行わなければなりません。しかし，グループ全体の戦略を遂行していくためには，子会社の取締役会には，グループ方針に則った運営を行ってもらう必要があります。新しく設立した子会社や新しく買収した会社では，グループ方針が十分に浸透していないことがあります。

　以下は，子会社におけるグループ方針の浸透に関する問題点を指摘した報告書の文例です。

Approval processes should be revised to align with the group policies:

Fact —
After being acquired by our group, your company is revising its policies and regulations to align with our group's policies. According to the group policy, any capital expenditure exceeding US$ 5 million must have privor concent of the parent company, but all managers of your company were not aware of it.

Risk —
Your company may violate the group policies.

Recommendation —
We recommend that your company learns decision-making powers at the parent level and thresholds for the capital expenditures requiring the parent company's consent. After learning them, you company should revise its approval processes and hold training sessions for the managers and employees to learn the new processes.

Management Comments (*Response to the Recommendation*) —
I agree. We will revise our approval processes to align with the group policies and hold the training sessions.
(Mr. xxxx, local CEO)

第Ⅰ章　海外子会社における現地ガバナンス　　9

（参考訳）
グループ方針に合わせた承認フローへの変更について

背 景 ─
会社は，当社グループによって買収された後，当社グループの方針に合わせるため
に，自社の方針および規則を改訂しています。グループ方針によると，500万米ド
ルを超える資本的支出については，親会社の事前了承を得なければならないとされ
ていますが，現地マネジャーは，全員，その認識がありませんでした。

リスク ─
グループ方針に違反する可能性があります。

改善提案 ─
親会社の意思決定権限と親会社の同意を必要とする設備投資の閾値を再確認すべき
です。その上で，承認プロセスを見直し，マネジャーおよび従業員に対し，新しい
プロセスを習得するためのトレーニングを開催すべきです。

マネジメント・コメント（改善提案に対する現地経営者の回答）─
同意します。グループ方針に合わせて承認プロセスを改訂し，学習セッションを開
催します。
（現地CEO xxx氏）

3.　現地経営者による不正行為の防止
Preventing Misconduct by Local Top Management

　海外子会社の経営層が犯している不正行為を見抜けなかった場合，監査の実
効性に疑問を抱かれます。しかし，経営者不正の多くは，循環取引のような手
の込んだスキームを使うことが多いため，時間やリソースに制約のある監査役
監査で発見することは難しいのが現実です。
　本節では，本格的な不正調査のプログラムを紹介するのではなく，現地経営
者が不正行為を犯すかもしれない環境の有無を確認する監査プログラムの例を
紹介しています。

3-1. 親会社からのプレッシャー　Pressure from the Parent Company

3-1-1	（不当なプレッシャー） 親会社から不当なプレッシャーを受けていないかどうか，現地経営者やマネジャーに尋ねなさい。もし彼らの回答が「イエス」ならば，プレッシャーがどういうものなのか，そのプレッシャーが子会社においてどのような問題の原因になっているのかを尋ねなさい。 　（注）　不当なプレッシャーがあると，現地経営者，マネジャーや従業員は，データ改ざんなど，不正行為を犯すおそれがあります。上記質問を行う前に，現地で聞いた話を機密として扱う旨，伝えること。 (Undue Pressure) Ask the management and managers of the subsidiary whether they are experiencing undue pressure from the parent company.　If they answer "yes", ask them what the pressure is and whether it is causing problems for their company. 　(Note)　Undue pressure may motivate local management/managers/employees to commit fraud, such as data tampering.　Before asking the above question, let the management/managers/employees know anything they talk will be treated confidentially.
3-1-2	（ブラックな組織風土） 子会社側が親会社に対して相談しづらい要望があるかどうか，現地経営者，マネジャーおよび従業員に聞きなさい。 (Toxic Work Culture) Ask the management/managers/employees if they have any requests that they would find difficult to express to the parent company.

3-2. 非経常的な取引　Unusual Transactions

3-2-1	（非経常的な取引） 親会社との間や他のグループ会社との間で「非経常的な取引」が行われていないか経営陣やマネジャーに聞きなさい。 　（注）「非経常的な取引」とは，商品の販売や購入，通常の代金決済以外の取引を指します。 (Unusual Transactions) Ask the management/managers whether there are "unusual

transactions" between the subsidiary company and the parent company or other group companies.

（Note）　"Unusual transactions" refer to transactions other than sale or purchase of products and regular cash remittance from/to group companies.

3-3.　利益相反　Conflict of Interest

3-3-1	（利益相反の禁止規則） 子会社の経営陣に，以下の人物や企業との取引を禁止または制限する規則があるかどうかを尋ねなさい。 　　ⅰ）　会社の取締役および従業員 　　ⅱ）　取締役または従業員が所有または支配している企業 　　ⅲ）　取締役または従業員の親族が所有または支配している企業 これらの人物および企業は，総称して「関連当事者」と呼びます。 （Rules prohibiting Conflict of Interest） Ask the management of the subsidiary company whether the company has rules that prohibit or restrict doing business with the following people or companies; 　　ⅰ）　directors and employees of the company 　　ⅱ）　companies that the directors or employees hold or are controlling 　　ⅲ）　companies that the relatives of the directors or employees hold or are controlling These people and companies are collectively referred to as "related parties".
3-3-2	（関連当事者取引がないことの確認） 関連当事者間取引がないことをどのように確かめているか，現地経営者に聞きなさい（現地取締役に対し，関連当事者間取引がないことを宣誓する文書にサインさせることは，1つの牽制方法です）。 （Checking no related party transaction） Ask the management how they ensure that there is no transaction with the related parties. （One of the ways to ensure it is to require each director to sign a document declaring that there is no related party transaction.）

3-3-3	(関連当事者間取引の承認) 関連当事者間取引（従業員に対する社有車の販売など）があるかどうか，現地経営者に尋ねなさい。もし，回答が「イエス」ならば，誰がその取引を承認したか尋ねなさい。 (Approvals of Related Party Transactions) Ask the management whether the subsidiary company has any transactions with the related parties (e.g. selling a company car to an employee). If their answer is "yes", ask them who approved the transactions.

3-4.　内部通報システム　Whistle-blowing Mechanism

3-4-1	(グループの内部告発システム) 親会社の内部告発システムがこの会社をカバーしている場合は，会社の従業員の中から10%を無作為に選び，内部告発システムの連絡先がどこに掲示されているかを尋ねなさい。 (Whistle-blowing Mechanism for the Group) If the parent company's whistle-blowing mechanism covers this company, haphazardouly select 10% of the company's employees and ask them where the contact details of the whistle-blowing mechanism are posted.
3-4-2	(現地の内部告発システム) 子会社独自に現地の内部告発システムがある場合は，会社の従業員の中から10%を無作為に選び，内部告発システムの連絡先がどこに掲示されているかを尋ねなさい。 (Local Whistle-blowing Mechanism) If the subsidiary company has its own whistle-blowing mechanism locally, haphazardouly select 10% of the company's employees and ask them where the contact details of the whistle-blowing mechanism are posted.
3-4-3	(親会社への伝達チャネル) 子会社が独自の内部告発システムを持っている場合，告発が隠蔽されない

第Ⅰ章　海外子会社における現地ガバナンス　　*13*

> よう，親会社への伝達チャネルがどのように整備されているかを，現地経営者に尋ねなさい。
>
> ─────────────────────────────
>
> （Communication Chennels Line to the Parent Company）
> If the subsidiary company has its own whistle-blowing mechanism locally, ask the subsidiary's top management how the communication channel to the parent company is in place to ensure that allegations are not hushed up.

■本節に関連する監査報告書の例

　統計上，子会社経営者による不正は，内部告発をきっかけとして発覚することが多いようです。しかし，内部通報システムが全拠点をカバーしていなかったり，導入されていても，多言語対応できていなかったり，周知されていなかったりすると，内部通報システムは機能しません。不都合なことを親会社に連絡されるかもしれない内部通報システムは，子会社経営者にとって積極的に周知したくないという動機が働きます。そのため，内部通報システムの周知を子会社任せにしておくと，あまり積極的に展開されず，内部通報の相談窓口や連絡先を知らない従業員が増えるおそれがあります。

　以下は，内部通報システムについて，事前予告なく監査した際の報告書の文例です。

> *Contact details for the whistle-blowing hotline*
> 　*should be posted in the offices/factories*
> 　*and on the website:*
>
> *Fact* ─
> During our audit planning phase, we noticed that there were no tips from this company through the whistle-blowig hotline in the last 10 years, so we conducted a surprise inspection to ensure that the contact details for the whistle-blowing hotline were posted on bulletin boards in the offices and factories as well as on the company's website. Based on our inspection, we found that there were no notices regarding the whistle-blowing hotline on the bulletin boards and on the website, and there was also no history of activities to inform employees about the whistle-blowing hotline.

14

Risk —

The whistle-blowing hotline covers all entities of our group. However, the hotline system may not be functioning properly in this company due to insufficient awareness activities.

Recommendation —

We recommend that the contact details for the whistle-blowing hotline are posted in the offices/factories and on the website.

Management Comments（*Response to the Recommendation*）—

I agree.

（Mr. xxxx, local CEO）

（参考訳）

内部通報ホットラインの掲示について

背 景 —

この会社では，この10年間，内部通報ホットラインを通じた通報が全くなかったことに監査計画の段階で気付きました。そこで，内部通報窓口の連絡先が事務所・工場内の掲示板やウェブサイトに掲載されているかを確認するため，抜き打ち検査を実施しました。検査の結果，掲示板やウェブサイトには内部通報窓口に関する告知はなく，また，従業員に対して内部通報窓口を周知する活動の履歴もありませんでした。

リスク —

内部通報ホットラインは，当社グループの全拠点をカバーしていますが，この会社では，社内の啓発活動が不十分なため，このホットライン・システムが機能していない可能性があります。

改善提案 —

内部通報ホットラインの連絡先をオフィスや工場内およびウェブサイトに掲示すべきです。

マネジメント・コメント（改善提案に対する現地経営者の回答） —

同意します。

（現地CEO xxx氏）

海外子会社におけるリスク管理
Local Risk Management

　本章では，海外子会社のリスク管理に対する監査プログラムを紹介しています。しかし，海外子会社が独自に万全なリスク管理体制を整備しているケースはそれほど多くないかもしれません。そんな子会社では，少なくとも重要なリスクを識別しているのかどうか，そして，それに対してどのような対応をとっているのかだけでも調べる必要があります。重要なリスクを識別しているのかどうかをチェックする際には，本章2.「〔参考〕リスク・プロファイル/海外子会社における代表的なリスク」が役立つでしょう。

1. リスクの識別・評価およびリスク対応
Risk Identification/Assessment and Response to Risks

1-1. リスクの識別　Risk Identification

| 1-1-1 | （リスク管理チーム）
会社の中にリスク管理のための正式なチームがあるか，または，定期的会議が開催されているかを現地経営者に尋ねなさい。チームがある場合は，チーム・メンバーのリストまたは組織図を閲覧し，リスク管理責任者やマネジャーが任命されていることを確認しなさい。

(Risk Management Team)
Ask the local management if the company has a formal team or a regular conference for risk management. If they have it, review the list |

	of team members or organizational chart to ensure that a risk management officer or manager has been appointed.
1-1-2	(リスク識別の方法・更新頻度) 現地のリスクをどのように識別しているか，また，リスク識別の更新をどのような頻度で実施しているか，現地リスク・マネジャーに尋ねなさい。<hr>(How to identify risks and how offen to update them) Ask the local risk manager how and how frequently they identify local risks.
1-1-3	(リスク情報の共有) 親会社や現地で識別されたリスクを組織内の主要メンバーへどのように共有しているかを現地リスク・マネジャーに尋ねなさい。<hr>(Sharing of Risk Information) Ask the local risk manager how they share risks identified at the parent company and locally with key members of their organization.

1-2. リスク評価　Risk Assessment

1-2-1	(社内ルール) リスク評価に関する社内ルールがあるかどうかをリスク・マネジャーに尋ねなさい。<hr>(Internal Rules) Ask the risk manager whether they have internal rules for the risk assessment.
1-2-2	(評価方法) リスク評価に関する社内ルールを閲覧し，以下のポイントが盛り込まれていることを確認しなさい。 　ⅰ）　リスクの発生可能性の評価 　ⅱ）　リスクが顕在化した際の影響度の評価 　ⅲ）　総合評価<hr>(Assessment Methods) Check the intenal rules for risk management to ensure that the following

	points are contained therein: 　ⅰ) Likelihood of the risk occurring; 　ⅱ) Magnitude of the risk if it does materialize; and 　ⅲ) Overall assessment.
1-2-3	**（重要なリスク）** リスク・マネジャーとの質疑応答や文書レビューに基づいて，「高い発生可能性」または「大きな影響度」と評価されるリスクがあるかどうかを判断しなさい。 **(Major Risks)** Based on our interviews with the risk manager and review of documents, conclude whether the subsidiary company has risks that are assessed as "high likelihood" or "high magnitude".

1-3.　リスクへの対応　Response to Risks

1-3-1	**（リスク対応）** 子会社に「発生可能性が"高"または"中"」または「影響度が"高"または"中"」と評価されたリスクがある場合，リスク対応策が検討されたかどうかを現地リスク・マネジャーに尋ねなさい。 **(Response to Risks)** If the subsidiary company has risks that are assessed as "high or medium likelihood" or "high or medium magnitude". ask the local risk manager whether they have considered responses to the risks.
1-3-2	**（リスク対応の妥当性）** 子会社のリスク対応策がリスクの回避，低減，移転になっているかを判断しなさい。受容しているリスクがある場合は，その会社判断が適切かどうかを判断しなさい。 **(Appropriateness of Riks Response)** Based on our interviews with the risk manager or review of documents, conclude whether the subsidiary's risk responses are able to avoid, mitigate or transfer the risks. If there are risks that the company has decided to accept, conclude whether the company's decision is appropriate.

■本節に関連する監査報告書の例

　リスク管理は，事業の種類，事業規模，リスク顕在時の影響度などに応じてさまざまな方法があります。たとえば，ガス会社や水道局などでは，リスクが顕在化すると，消費者の人命にかかわる問題になるため，重大リスクを24時間監視する体制が整えられ，装置やコンピュータ・システムを使った先進的な方法が採用されます。

　しかし，一般的な事業会社では，24時間，リスクを監視することはせず，通常は定期的にリスクの識別を更新する方法が採用されます。リスクの識別が更新されると，その発生確率や影響度を評価し，対応策が協議・決定されますが，そんなリスク管理のサイクルを何年か回すと，管理しなければならないリスクが肥大化してしまうため，リスク管理が形式的になってしまうことがあります。

　以下は，リスク管理の形骸化を指摘した報告書の文例です。

Effective risk management practices should be implemented:

Fact —
Based on our review the company's risk profile, we found that the risks identified by the company have not been changed or updated for the past 5 years. Although the company is about to enter into new business, the company's risk identification is reactive and focusing on past incidents rather than being more proactive and future-oriented stance.

Risk —
The company's risk management may have devolved into a checkbox exercise rather than a decision-making tool.

Without a proper risk management system that involves key employees, the company may fail in identifying future risks, which could result in delayed responses to those risks.

Recommendation —
We recommend that the company implements effective risk management

第Ⅱ章　海外子会社におけるリスク管理　*19*

practices in place, including brainstorming sessions to identify future risks.

Management Comments（*Response to the Recommendation*）—
I agree with the above recommendation. We will review our current risk management.
（Mr. xxxx, local CEO）

（参考訳）
効果的なリスク管理の実施について

背 景 —
会社のリスク・プロファイルをレビューしたところ，会社が識別しているリスクは過去5年間，変更も更新もされていませんでした。会社は新しいビジネスに参入しようとしていますが，積極的かつ未来志向なリスク識別を行っておらず，過去の出来事に焦点を当てた受動的なやり方になっています。

リスク —
会社のリスク管理は，意思決定ツールとしてではなく，チェックボックスを埋める単なるチェック作業になっている可能性があります。

主要な従業員が参画する適切なリスク管理システムがないと，将来リスクの識別漏れがあるかもしれません。結果，そのリスクへの対応が遅れる可能性があります。

改善提案 —
将来のリスクを識別するためのブレインストーミング・セッションなど，効果的なリスク管理を実施すべきです。

マネジメント・コメント（改善提案に対する現地経営者の回答）—
上記改善提案に同意します。現行のリスク管理を再検討します。
（現地CEO xxx氏）

2. 参考：リスク・プロファイル/海外子会社における代表的なリスク

Ref.：Risk Profile/ Typical Risks in overseas subsidiaries

PESTLE分析（Political, Economics, Social, Technological, Legal, and

20

Environmental）の分類を参考に，海外子会社の典型的なリスクを以下に紹介しています。現地経営陣とリスク管理を議論する際にお役立てください。

2-1.　現地政治に関するリスク　Local Political Risks

2-1-1	会社経営に影響を及ぼす新しい国内法案
	New domestic legislative bills that will affect the company business
2-1-2	会社経営に影響を及ぼす外交関連の新法案
	New bills for foreign affairs that will affect the company business
2-1-3	政府の不安定さ
	Government instability
2-1-4	海外駐在員の現地における不当拘束や不当逮捕
	Unlawful detention or arrest of seconded expatriates in the region

2-2.　現地経済に関するリスク　Local Economic Risks

2-2-1	会社経営に影響を及ぼす政府の新しい経済政策
	New governmental economic policies that will affect the company business
2-2-2	中央銀行の新しい金融政策
	New financial policies of the central bank
2-2-3	資本市場あるいは為替市場における市況の変動
	Fluctuation in stock exchange market or foreign currency market

第Ⅱ章　海外子会社におけるリスク管理　*21*

2-3.　社会運動などに関するリスク

Risks related to Social Movements/Campaigns, etc.

2-3-1	環境運動やグリーン・エネルギー運動
	Movement for environment/green energy
2-3-2	人種差別運動（反日運動など）や反人種差別運動（ブラック・ライブス・マターなど）
	Racism movement（e.g. anti-Japanese campaing）or anti-rascism movement（e.g. Black Lives Matter）
2-3-3	犯罪や大量射殺事件
	Crime/mass shootings
2-3-4	コミュニティーや近隣からの苦情
	Community/neighborhood complaints
2-3-5	会社の評判に影響を与える事項
	Matters to affect corporate reputation

2-4.　テクノロジーに関するリスク　Risks related to Technology

2-4-1	マルウェア，ウィルス，ランサムウェア攻撃やフィッシング詐欺などによるサイバーセキュリティへの脅威
	Cybersecurity threats by malware, viruses, randsome attacks or phishing attempt
2-4-2	ハードウェア障害，ソフトウェアの不具合またはシステムダウンによるシステム障害
	System failures due to hardware failures, software malfunctions or system downtime
2-4-3	データ関連のリスク（データの漏洩，データの損失，データの整合性の問題など）

	Data-related risks (e.g. data leakage, data loss or data ingegrity problems)
2-4-4	新しい技術の出現や技術の進歩に追いつけないことによる技術的陳腐化
	Technological obsolescence due to the emergence of new technologies or failure to keep up with technological advances

2-5.　法律上のリスク　Legal Risks

2-5-1	会社経営に影響を及ぼす法改正
	Possible change in local regulations that will affect the company business
2-5-2	地方自治体による管理改善命令・指示・指導，または罰金・罰則
	Administrative improvement instruction/direction/guidance from the local government, or fine/penalty
2-5-3	行動規範への遵守違反，違法行為，スキャンダル
	Violation of the Code of Conduct, illegal activities and scandals
2-5-4	贈収賄防止および公正な競争に関する現地法および国際法に対する遵守違反。たとえば， 　＊腐敗行為防止法（米国） 　＊贈収賄防止法（英国） 　＊不正競争防止法（日本） 　＊不正取引防止法（中国）など 　（注）　米国の腐敗行為防止法によると，自社に代わって行動する仲介業者，コンサルタント，その他の第三者を使って外国公務員に支払いをしたり，支払いを約束したりして，ビジネスを獲得または維持することも禁止されています。
	Failure to comply with local and international laws for anti-bribery and fair competition, such as 　＊Foreign Corrupt Practices Act（USA）， 　＊Bribery Act（UK），

	＊Unfair Competition Protection Act（Japan）， ＊Anti-unfair Trade Competition Law（China），etc. （Note）　Anti-bribery provisions of the U.S. FCPA prohibit companies from using intermediaries to pay or promise to pay foreign officials to obtain or retain business.
2-5-5	関税法の改正（国家安全保障のための貿易管理法や外貨為替法の改正などを含む） Change in customs laws（incl. trade control laws for national security, foreign currency exchange laws）
2-5-6	大気汚染，水質汚染，騒音，廃棄物処理，危険物管理など，環境規制への違反 Violation of environmental regulations including air and water pollution, noise, waste treatment, hazardous material control…
2-5-7	消防法（消火設備，避難訓練など）や建築基準への遵守違反 Violation of fire prevention laws（e.g. fire extinguishing equipment, evacuation drills）and building construction standards
2-5-8	第三者の知的財産権への侵害の可能性または第三者による当社の知的財産権の侵害 Possible infringement of third party's intellectual property or infringement of our intellectual property by third party
2-5-9	訴訟，紛争，不正行為の可能性 Possible litigation, disputes or misconducts
2-5-10	反社会的勢力（マフィアなど）との関係の可能性 Possible relationships with anti-social forces（e.g. mafia）
2-5-11	潜在的な税務問題（税務更正，政府予算の問題による厳しい徴税，BEPSや移転価格ルールの不遵守など） Potential tax issues（e.g. potential tax adjustments, possibility of stricter tax collection due to government budget issues, non-compliance with BEPS/transfer price rules）

24

2-6. 労務上のリスク　Labor related Risks

2-6-1	残業規制を含む給与や賃金に関する法律の不遵守 Non-compliance with payroll/wage laws, including regulations on overtime
2-6-2	過重労働規制を含む職場の安全衛生に関する規制の不遵守 Non-compliance with regulations on work place safety and health including regulations on overloaded work
2-6-3	人種，性別，年齢，宗教等による差別を防止する法律への違反 Violation of discrimination prevention laws by race, gender, age, religion and etc.
2-6-4	セクハラ，パワハラ等の禁止に関する法律への違反 Violation of laws to prohibit sexual harassments, power harassments and etc.
2-6-5	労働組合の設立権を含む労働組合法の不遵守 Non-compliance with labor union laws including right of union establishment
2-6-6	労働災害または職場での爆発事故 Workmen's accidents or explosion at work
2-6-7	高い離職率 High employee turnover
2-6-8	賃金上昇 Wage hike
2-6-9	ストライキ Strikes
2-6-10	適正な給与支払，平等な待遇など，ディーセント・ワークの要請

第Ⅱ章　海外子会社におけるリスク管理　*25*

	Request for decent work, e.g. fair income payment, equal treatment, etc.
2-6-11	海外駐在員とその家族の住宅と医療問題
	Housing and health care issues for seconded expatriates and their families

2-7.　事業および環境に関するリスク

Risks related to Business and Environment

2-7-1	失注の可能性あるいは顧客からの受注の減少の可能性
	Possibility that the company may lose awards/orders from customers or possible decrease in orders from customers
2-7-2	在庫やその他資産の除却損失など，財務上の重要な損失の可能性
	Potential significant financial losses, such as losses on disposals of inventories or other properties
2-7-3	契約違反
	Violation of contractual commitments
2-7-4	顧客の事業安定性の変化
	Change in customers' business stability
2-7-5	競合他社の戦略変更
	Change in competitors' strategies
2-7-6	顧客または競合他社によるM&Aの可能性
	Possible M&A by customers or competitors
2-7-7	原材料市況の変動
	Fluctuation in markets of raw materials

2-7-8	製品クレーム問題
	Product claim issues
2-7-9	製造物責任（PL）問題
	Product liability（PL）issues
2-7-10	製品回収
	Product recalls
2-7-11	大気汚染や水質汚染の深刻化による環境当局の調査増加
	Increase in inspections by environmental authorities due to worsening air and water pollution
2-7-12	環境データの開示規則の施行や更新
	Implementation and update of regulations on environmental data disclosure
2-7-13	環境変化に伴う購入資源の制約
	Constraints on purchasing resources due to environmental change

3. 事業継続計画　Business Continuity Plan

3-1. 事業継続計画　Business Continuity Plan（BCP）

3-1-1	（BCP） 自然災害（地震，噴火など），火災，事故，テロ，停電などの発生時に事業や業務を継続するための会社の計画をレビューしなさい。
	（BCP） Review the company's plan for continuing the business/operation in the events of natural disasters (e.g. earthquake, volcanic eruption), fires, accidents, terrorisms, power outage and etc.
3-1-2	（緊急時の訓練）

	緊急時の訓練やトレーニングを行ったかどうかを現地CEOに尋ねなさい。
	(Emergency Drill) Ask the local CEO if they have conducted emergency drills or trainings.
3-1-3	**(ITデータのバックアップ)** IT データのバックアップ・システムがあるかどうか，また，バックアップ・データがどこにあるのかを現地ITマネジャーに尋ねなさい。 （注）　バックアップ・データは，遠隔地に保存しておく必要があります。
	(Back-up of IT Data) Ask the local IT manager if they have a back-up system for IT data and where the backup data is located. （Note）　The back-up data should be stored in remote locations.

■本節に関連する監査報告書の例

　山火事，集中豪雨による土砂災害，水害，台風やハリケーンの規模拡大など，気候変動に伴う自然災害の頻度や被害が変化しています。自然災害の激甚化により，会社の危機対応シナリオや事業継続計画も適時に更新していかなければなりません。

　以下は，BCPの適時更新を指摘した報告書の例です。

Hazard maps should be checked regularly, and
　BCP should be updated in a timely manner:

Fact —
Based on our check of hazard maps for the area around the company's factory, we found that the maps had been updated.　According to the updated hazard maps, flood risk around the factory had been raised from green to yellow level due to climate change.　The company's risk management tean was not aware of the hazard map updates.

Risk —
Climate change is altering the frequency, distribution and intensity of natural hazards.　As a result, countries or regions may be updateing their hazard maps more frequently.　If the company does not notice the updates to the hazard maps,

the company may be maintaining their BCP with an incorrect understanding and assessment of disaster risks.

Recommendation —
We recommend the company regularly checks the hazard maps and update its BCP in a timely manner.

Management Comments（*Response to the Recommendation*）—
I agree.
（Mr. xxxx, local CEO）

(参考訳)
ハザードマップの定期的なチェックとBCPの適時更新について

背 景 ―
会社工場周辺のハザードマップを見たところ，ハザードマップが更新されており，更新されたハザードマップによると，工場周辺の洪水危険度は，気候変動に伴って，緑から黄色レベルに引き上げられていました。会社のリスク管理チームは，ハザードマップの更新について気付いていませんでした。

リスク ―
気候変動により，自然災害の発生頻度や分布，深刻度が変化しています。それにより，各国・地域では，ハザードマップを頻繁に更新しているかもしれません。ハザードマップの更新に気付かないと，災害リスクに対して誤った理解・評価のままのBCPになっているかもしれません。

改善提案 ―
ハザードマップを定期的にチェックし，BCPを適時に更新すべきです。

マネジメント・コメント（改善提案に対する現地経営者の回答） ―
同意します。
（現地CEO xxx氏）

コンプライアンスと統制環境
Compliance and Control Environment

　本章は,「コンプライアンス」と「統制環境」に関する監査プログラムを紹介しています。まず,「コンプライアンス」は,文字どおり法令遵守ですが,進出している国によって遵守しなければならない法律が異なります。また,「コンプライアンス」をステークホルダーの期待に応えること（社会常識や倫理観に基づく行動）も含んだ広範な概念と考えると,関与する事業によってステークホルダーも異なります。本章では,コンプライアンス上の一般的なリスクに対する監査プログラムを紹介しています。
　次に「統制環境」ですが,この概念は,内部統制の発展過程で徐々に形成されたものです。1992年にCOSO（Committee of Sponsoring Organizations of the Treadway Commission, トレッドウェイ委員会組織委員会）が「内部統制の統合的枠組み」を公表し,「統制環境」をこの枠組みにおける最も基礎的な要素として位置付けました。COSOは,米国で設立された民間主導のコンソーシアムです。本章では,COSOのフレームワークを基礎にして,想定される監査プログラムを紹介しています。

1. 法令遵守　Legal Compliance

1-1.　法定書類　Legally Defined Documents

1-1-1	**(法定書類)** 会社が以下の書類を保管していることを確認しなさい。 ・定款 ・登記簿謄本 ・営業許可証 ・納税登記証明書 **(Legal Documents)** Verify that the company has the following documents on file: ・Article of incorporation ・Certified copies of registers ・Business licenses ・Certification of tax register
1-1-2	**(法律顧問)** 会社を設立した際，外部法律顧問の支援を受けたかどうか，CEO に尋ねなさい。もし支援を受けていなかった場合，潜在的に発生するかもしれない法的問題をどう識別したかを現地CEOに尋ねなさい。 **(Legal Advisers)** Ask the local CEO whether the company has external legal assistance when incorporating. If the company got no assistance, ask the CEO how potential legal issues were identified.
1-1-3	**(資本拠出)** 当局が営業許可を認めた際に条件とした払込資本金の水準まで資本金が拠出されたことを確認するため，営業許可証および銀行取引明細書を査閲しなさい。 **(Capital Injection)** Review the business license and bank statements to verify that capital has been contributed up to the level of subscribed capital upon which

第Ⅲ章　コンプライアンスと統制環境　*31*

1-1-4	（会計帳簿） 会計や納税申告に必要な帳簿が法律で定められている国もあります。法で定められた会計記録（総勘定元帳，資産元帳など）を会社が保有していることを確認しなさい。 （Accounting Books） There are some countries that necessary books for accounting and tax filing purposes are legally defined.　Ensure that the company has accounting reocrds required by the laws (e.g. general ledgers, sub-ledgers, etc.).

1-2.　事業の法令遵守　Business Compliance

1-2-1	（事業範囲） 事業ライセンスをチェックし，既存の事業および計画している新規事業が，現地の規制当局によって認可された事業範囲内であることを確認しなさい。 （Business Scope） Check the business license to ensure that the company's current and newly planned business are within the sphere of business approved by local regulatory authorities.
1-2-2	（登記） 現地当局から新規事業の承認を得た場合，登記が更新されたことを確認しなさい。 （Registration） If the company got approval for new business from local authorities, ensure that the legal registration is updated.
1-2-3	（商標） 会社が商標を登録したことを確認しなさい。 （Trademark） Ensure that the company has registered its trademark.

■本節に関連する監査報告書の例

　海外で会社を設立することは，親会社にとってリスクが伴いますので，現地
への投下資本はできる限り少なくしたいと考えるのは当然のことです。他方，
投資促進を担う海外の政府機関では，税制優遇などを与えて外資を誘致しよう
としますが，相応の投資額でないと営業許可を与えないことがあります。その
ため，企業が投資申請する際には，それに見合った投資を行う旨の計画書を当
局に提出します。しかし，営業許可を得た後は，資本を満額まで注入しないで
事業継続しているような企業もあります。

　以下は，資本拠出に関するリスクを指摘した報告書の文例です。

Additional capital should be contributed up to the amount required by the business license:

Fact —
The legislature has adopted an amendment to the law, passing sifnificant changes
to company capital rules.　The new version of the law has significant
implications for companies in the regions.　One of the most striking changes in
the new law is the requirement that shareholders of a limited liability company
("LLC") must contribute all of their subscribed capital to the company within
five years of the LLC's incorporation.　This is a stark deviation from the current
law, which allows shareholders to decide when and how they contribute their
subscribed capital in full.　Since this subscription-based regime was introduced in
20xx, investors have had significant flexibility in controlling their funding of the
company.　However, as a side effect, many investors have deliberately delayed
their capital contribution, sometimes leaving enterprises with insufficient equity
to fulfil their obligations toward their creditors.　The new law puts more
emphasis on the protection of creditors by pushing the shareholders to contribute
their committed capital within five years of incorporation, unless the relevant
laws and regulations state otherwise.

Based on our review of bank statements and business license, we found that the
company' capital is $700 thousand less than the capital stated on its business
license.

Risk —

Without any responses to the new law, the company will in violation thereof.

Recommendation —

We recommend that the company requests its parent company to contribute additional capital up to the amount requied by the business license required as early as possible.

Management Comments（*Response to the Recommendation*）—

I agree.

（Mr. xxxx, local CEO）

（参考訳）

法律の改正に伴う追加の資本拠出について

背 景 —

議会は法の改正を採択し，会社の資本規則に大幅な変更を可決しました。この新しい法律は，現地の企業にとって重要な意味を持ちます。新しい法律の最も顕著な変更点の１つは，有限責任会社（LLC）の株主はLLCの設立後５年以内にすべての払込資本を会社に拠出しなければならないという要件です。これは，株主が払込資本の全額を，いつ，どのように拠出するかを決定できるとする現在の法律からの大きな変更となります。この払込ベースの制度が20xx年に導入されて以来，投資家は会社への資金提供をかなり柔軟に管理できるようになりました。しかし，副作用として，多くの投資家が意図的に資本拠出を遅らせ，債権者に対する義務を履行するのに十分な資本が企業に残らない場合もありました。新しい法律は，関連する法律や規制で別段の定めがない限り，設立後５年以内に株主に約束した資本を拠出するよう求めることで，債権者保護をより重視しようとしています。銀行取引明細書と営業許可証を調べたところ，会社の資本金は営業許可証に記載されている資本金よりも700千ドル少ないことが判明しました。

リスク —

新しい法律に何ら対応しなければ，会社は法律に違反することになります。

改善提案 —

事業許可で求められている資本額まで追加拠出するよう，できる限り早く，親会社に要請すべきです。

マネジメント・コメント（改善提案に対する現地経営者の回答）──
同意します。
（現地CEO xxx氏）

2. 統制環境　Control Environment

2-1. 企業理念　Corporate Philosophy

2-1-1	（グループの理念） 現地子会社の従業員が企業集団の理念（企業ミッション，ビジョン，価値観など）をどのように学んでいるかを現地CEOに尋ねなさい。 （Group Philosophy） Ask the local CEO how employees of the subsidiary learn about the group philosophy (e.g. corporate mission/vision/values).
2-1-2	（現地子会社の理念） 子会社独自で作った理念がある場合，それがグループ理念と矛盾していないことを確認しなさい。 （Local Philosophy of the Subsidiary） If the subsidiary company has its own local philosophy, ensure that it does not conflict with the group philosophy.

2-2. 行動規範　Code of Conduct

2-2-1	（グループ行動規範） 現地子会社の従業員が企業集団の行動規範をどのように学んでいるかを現地CEOに尋ねなさい。 （Group's Code of Conduct） Ask the local CEO how employees of the subsidiary learn about the group's code of conduct.
2-2-2	（現地子会社の行動規範） 子会社独自の行動規範がある場合，グループの行動規範と現地の行動規範の違いを特定し，現地の行動規範がグループの行動規範と矛盾していない

ことを確認しなさい。

(Local Code of Conduct)
If the subsidiary company has its own local code of conduct, identify the differences between the group's and the local, and ensure that the local does not conflict with the group's.

2-2-3	**(コンプライアンス・チーム)** コンプライアンスに責任を負う組織（部門，委員会など）があるかどうかを現地CEOに尋ねなさい。 **(Compliance Team)** Ask the local CEO if there is an organization (e.g. department, committee) responsible for compliance.

2-3. トップの姿勢　Tone at the Top

2-3-1	**(トップ・メッセージの伝達)** トップ・マネジメントがコンプライアンスの考え方を持っている会社では，健全な企業文化が育まれます。そのような会社では，悪いニュースも含めて，情報を伝達する際に従業員は心理的な障害を感じることがありません。したがって，トップ・マネジメントは，コンプライアンスの重要性を定期的に強調する必要があります。行動規範の遵守の重要性を強調するメッセージを従業員にどのように，どのくらいの頻度で伝えているかを現地CEOに尋ねなさい。 **(Convey of Top Messages)** Companies where top management has a compliance mindset foster a healthy corporate culture. In such companies, all employees will feel no psychological obstacles to communicating information, including bad news. Therefore, top management should emphasize the importance of compliance on a regular basis. Ask the local CEO how and how frequently he/she conveys his/her messages to the employees emphasizing the importance of complying with the Code of Conduct.

2-4. 戦略，計画および予算　Strategy, Plan and Budget

2-4-1	**（現地子会社の中長期計画・戦略）** 現地子会社独自の中長期計画や戦略があるかどうかを現地CEOに尋ねなさい。 **（Long/Mid-term Local Plan/Strategy）** Ask the local CEO if the subsidiary has its own long/mid-term local plan/strategy.
2-4-2	**（グループ計画・戦略との整合性）** 現地の中長期計画・戦略は，グループの中長期目的に関連し，それをサポートする内容になっていなければなりません。現地独自の中長期計画・戦略がある場合，それがグループの中長期計画・戦略と矛盾していないことを確認しなさい。 **（Alignment with Group's Plan/Strategy）** The long/mid-term local plan/strategy needs to connect to and support the group's long/mid-term objectives. If the subsidiary company has its own local long/mid-term plan/strategy, ensure that it does not contradict the group's long/mid-term plan/strategy.
2-4-3	**（中長期目標の達成可能性）** 中長期計画・戦略で設定された目標が達成可能かどうかについて現地CEOと話し合いなさい。達成不可能な目標が設定されたならば，現地経営陣への過度のプレッシャーとなり，現地経営陣が不正行為を行う誘因になるおそれがあります。 **（Achievability of Long/Mid-term Goals）** Discuss with the local CEO whether the goals set in the long/mid-term plan/strategy are achievable. If unachievable goals are set, it could put undue pressure on the local management and potentially lead to misconduct.
2-4-4	**（年間計画）** 事業・経営の計画を毎期，現地で策定しているかどうかを現地CEOに尋ねなさい。 **（Annual Plan）** Ask the local CEO if they develop local business/management plans

第Ⅲ章　コンプライアンスと統制環境　　*37*

	each fical year.
2-4-5	**（グループ年次計画との整合性）** 現地子会社の年次計画がグループの年次計画と矛盾していないことを確認しなさい。 （Alignment with Group's Annual Plan) Ensure that the local annual plan does not contradict the group's annual plan.
2-4-6	**（中長期計画との整合性）** 中長期目標をベースに翌年実行すべきことを決定するのが年間計画の策定プロセスです。年間計画をレビューし，次の点を確認しなさい。 　・年間計画が会社の中長期目標に関連し，それをサポートする内容になっていること。 　・年間計画が，中長期目標の進捗を図るための今後12か月間のロードマップとなっていること。 （Alignment with Long/Mid-term Plan) Annual planning is an important process for translating long/mid-term goals into actionable plans for the upcoming year. Review the annual plan to ensure that: 　・it has connected to and supported the company's long/mid-term objectives, and 　・it has created a roadmap for the next 12 months to make progress on long/mid-term goals.
2-4-7	**（年間計画へのアクセス）** 現地子会社の従業員が，どのような方法で現地の年間計画を読んだり，アクセスしたりできるのかについて調べなさい。 （Accessibility to Annual Plan) Investigate how employees of the subsidiary can read/access the local annual plan.
2-4-8	**（進捗レビュー）** 現地の年間目標の進捗状況をレビューし，年間目標が達成可能かどうかを判断しなさい。 （Progress Review)

	Review progress against the local annual goals, and determine whether the annual goals are achievable.
2-4-9	（年間予算） 現地の年間予算に関し，親会社の合意が得られていることを確認しなさい。 （Annual Budget） Ensure that local annual budget is agreed by the parent company.
2-4-10	（年間計画との整合性） 現地の年間目標を達成できるよう，必要十分な予算が割り当てなければなりません。現地の予算をレビューし，予算が年間目標を達成するのに十分かどうかを判断しなさい。 （Alignment with Annual Plan） A sufficient budget must be allocated to meet th local annual goals. Review the local budget to determine whether it is sufficient to meet the annual goals.
2-4-11	（予実分析） 実際の収益・支出とその予算額とを比較しているかどうか，現地CEOに尋ねなさい。また，その比較分析をレビューし，計画と実績の差異が著しく乖離していないかを判断しなさい。 （Comparizon between budget and actual） Ask the local CEO if the subsidiary compares actual income and spending with the budgeted amounts, and review their comparative analysis to determine whether the variances between planned and actual figures are sigfinicant or not.

2-5. 組織および社内規則　Organization and Internal Rules

2-5-1	（組織構造の設計） 変動の激しい業界では柔軟な組織構造が必要になるかもしれませんが，安定した業界ではより厳格な構造を選ぶことになるかもしれません。組織図をレビューし，会社の組織構造が業界の性質に基づいて設計されているかどうかを判断しなさい。

第Ⅲ章　コンプライアンスと統制環境　39

(Design of Organizational Structure)

A volatile industry may require a flexible organizational structure, while a stable industry can select more rigid structure. Review the company's organizational chart to determine whether the structure is designed based on the nature of the industry.

2-5-2	**（会社の戦略との整合性）** 組織構造は，会社の全体的な戦略と整合し，それをサポートするものでなければなりません。会社の組織図をレビューし，その構造が戦略を効果的に実行できるように設計されているかどうかを判断しなさい。 (Alignment with the Company's Strategy) The organizational structure must be aligned with and support the company's overall strategy. Review the company's organizational chart to determine whether the structure is designed to enable the subsidiary company to execute its strategy effectively.
2-5-3	**（レポーティング・ライン）** 子会社の組織図をレビューし，効率的な運営のために明確な報告ラインがあるのかどうかを判断しなさい。 (Reporting Lines) Review the subsidiary company's organizational chart to determine whether there are clear reporting lines for efficient operation.
2-5-4	**（人的制約のある小規模組織）** 予算上の制約により，海外子会社の中には，法律，環境，サスティナビリティなどの専門家を雇用できないところもあります。このような場合，親会社からのサポートを含め，外部の専門家と契約することが重要です。会社の組織図を確認し，会社にとって必要な機能にチームやスタッフが設置・配属されていないかどうかを調査し，配置・配属の無い場合の対応について現地CEOに尋ねなさい。 (Small Organization with Limited Manpower) Due to budget constraints, some of overseas subsidiaries may not be able to hire legal, environmental, or sustainability experts. In such cases, it is important to contract with external experts, including supports from the parent company. Review the company's organizational chart to identify

	functions where teams/staff are not assigned. Also, ask the local CEO how to respond in the lack of the assignments.
2-5-5	（規則・ガイダンス・マニュアル） 業務を遂行するために必要な規則・ガイダンス・マニュアルが制定されていることを確認しなさい。たとえば， 　　・職務権限規程 　　・人事関連規則（例: 業績評価の規則など） 　　・ITマニュアル 　　・契約手続きに関するガイダンス 　　・環境方針 （Rules/Guidance/Manuals） Ensure that the subsidiary company has established rules/guidance/manuals necessary for carrying out its operations, such as: 　　・Regulatons on Job Authority 　　・Rules regarding Human Resources（e.g. rules for performance evaluation, etc.） 　　・IT manuals 　　・Guidance on Contract Procedures 　　・Environmental Policy
2-5-6	（罰則・処罰） 規則違反に対する罰則・処罰が規定されていることを確認しなさい。 （Penalties/Punishment） Ensure that the subsidiary company has stipulated penalties/punishments in its regulations in the event of violations.

2-6.　職務分掌　Segregation of Duties

2-6-1	（職務分掌の典型例） 次の業務において，職務分掌がなされているかどうかを現地CEOに尋ねなさい。 　　・（購買）発注，商品の受領，支払い 　　・（販売）商品販売とその承認 　　・（財務）現金・預金の保管と支払い

第Ⅲ章　コンプライアンスと統制環境　*41*

・（経費）経費請求者とその承認

(Typical Examples of Segregation of Duties)
Ask the local CEO if there is segregation of duties in the following area:
- (Purchase) ordering, gooods acceptance and payment
- (Sales) goods sales and approval
- (Finance) custody of cash/deposits and payment
- (Expense) expense claimants and approval

2-6-2 **(小規模の子会社におけるスタッフの兼務)**
小規模の子会社では，1人の担当者に複数の役割が割り当てられるケースがあります。そのような会社では，従業員による不正のリスクが高まります。会計データの入力担当者が以下の役割を兼務している場合，不正を防止または発見する方法を現地CEOに尋ねなさい[注]。
- 購買
- 現金・預金・有価証券の支出・保管
- 商品の受取り・発送・保管
- 資産管理
- 賃金・給与計算
- IT 管理および保守

（注）小規模な会社では，不正行為の防止・発見に課題があります。この問題に対処するための効果的な対策例は次のとおりです。
- ビルトイン・コントロールと監査証跡を備えたソフトウェアを使用すること
- 疑わしい活動にフラグを立てる自動システムを導入すること
- 従業員に休暇を取らせ，その間は別のスタッフが一時的にその職務を引き継ぐこと
- 従業員を定期的に別の仕事にローテーションさせること
- 疑わしい活動を報復の心配なく告発できる匿名の通報システムを設定すること

(Concurrent Positions in Small-sized Companies)
There are cases in small-sized companies that multiple roles are assigned to one personn. These companies may face higher risks of employee fraud. If staff responsible for inputting accounting data simultaneously handles the following roles, ask the local CEO how to prevent or detect frauds *:
- purchasing
- disbursement/custody of cash/deposits/securities

- receiving/shipping/storing goods
- asset management
- wages/salaries computation
- IT management and maintenance

(Note) Small-sized companies face challenges for preventing and detecting frauds. Here are some examples of effective measures to address this issue:
- Use software with built-in controls and audit trails
- Implement automated systems to flag suspicious activities
- Require employees to take vacations, during which another staff temporarily assumes their duties.
- Rotate employees to different jobs on a regular basis
- Set up an anonymous reporting system for employees to report suspicious activities without fear of retaliation

2-7. 内部監査　Internal Audit

2-7-1	（現地内部監査チーム） 内部監査チームを持っているかどうかを現地CEOに尋ねなさい。 (Local Internal Audit Team) Ask the local CEO if they have a local internal audit team.
2-7-2	（他の組織による監査） 顧客のサステナビリティ・チーム，ISO審査員，IATF審査員，税務当局などによる監査を受けたかどうか，また，どのような問題が発見されたかを現地CEOに聞きなさい。 (Audit by Other Organizations) Ask the local CEO if they have been audited by organizations, such as customer's sustainability team, ISO auditors, IATF auditors, tax authorities, and what issues were found.
2-7-3	（改善措置） 監査人が発見した問題に対して，現地CEOがどのような改善措置を講じたかを尋ねなさい。 (Remediation Actions) Ask the local CEO what remediation actions they took in response to the

第Ⅲ章　コンプライアンスと統制環境　　**43**

issues the auditors found.

■本節に関連する監査報告書の例

統制環境に欠陥がある場合，エラーや不正のリスクを低減するためには，業務オペレーションでの統制を強化しなければならなくなります。そんな組織では，不効率な業務運営を余儀なくされ，リソースの無駄使いが発生します。

以下は，統制環境の監査において発見した職務分掌とシステム権限の不一致を指摘した報告書の例です。

The authorization lists should match IT access rights:

Fact —
Based on our review of authorization lists, we confirmed that there is a segregation of duties between application and approval. However, when we checked the rights in IT system, we found that a sales manager has both rights of application and approval.

Risk —
The sales manager is able to initiate a sales transaction (application) and approve his own application. This combination of duties poses the following risks:
- Fraud - The sales manager could potentially create and approve fictitious sales or manipulate sales figures without immediate detection.
- Unnoticed errors - Mistakes made during the application process may go undetected.
- Abuse of power - The sales manager could potentially bypass internal controls for personal gain or to meet sales targets inappropriately.
- Violation of regulations - This violates regulatory requirements that mandate proper segregation of duties.

Recommendation —
We recommend that the company ensures the authorization lists match IT access rights.

Management Comments (Response to the Recommendation) —

I agree. We will make sure they match.
(Mr. xxxx, local CEO)

（参考訳）
権限表とITアクセス権の不一致について

背 景 ―
権限リストをレビューしたところ，申請と承認の職務分離が規定されていることを確認できました。しかし，ITシステムの権限を閲覧したところ，営業マネジャーが申請と承認の両方の権限を持っていることがわかりました。

リスク ―
営業マネジャーは，販売取引を申請し，自分の申請を承認することができるため，次のリスクがあります。
- ・（不正行為）即座に発見されることなく，架空の売上を作成して承認したり，売上数値を操作したりすることができます。
- ・（気付かれないエラー）申請プロセスで犯したミスが検出されない可能性があります。
- ・（権力の濫用）営業マネジャーは，個人的な利益のために，または販売目標を不適切に達成するために，内部統制を迂回できます。
- ・（規則違反）適切な職務分離を義務付ける規則に違反しています。

改善提案 ―
権限表とITアクセス権が一致していることを確認すべきです。

マネジメント・コメント（改善提案に対する現地経営者の回答） ―
同意します。両者が一致していることを確かめます。
（現地CEO xxx氏）

3. 財務報告（会計監査およびタックス・マネジメントを含む）
Financial Reporting（incl. Financial Audit and Tax Management）

　財務報告は，法令や規則に準拠して報告・開示することだけが目的ではなく，データ主導の戦略と透明性の高い運用を通じてビジネスを成功へ導くことも目的です。財務報告は，正しい意思決定を行うための基礎となり，加えて，持続

可能な成長に必要な見通しも提供します。

　以下は，財務報告の状況を確認するための監査プログラムの例です。なお，海外子会社の財務報告が信頼できる監査法人によって監査されている場合は，ここに紹介された監査プログラムの多くを省略できるかもしれません。

3-1. 財務報告の基盤　Financial Reporting Infrastructure

3-1-1	**（会計の基盤）** 新しく設立された子会社を往査する場合，会計処理できる基盤が整備されていることを確認しなさい。会計処理できる基盤とは，たとえば， 　・会計帳簿・システム 　・現地の会計方針 **(Accounting Infrastructure)** When visiting to a newly establihshed subsidiary, ensure that the company has the infrastructure in place for accounting, such as: 　・Accounting books/systems 　・Local accounting policies
3-1-2	**（グループ報告システム）** 親会社に財務情報を提出する際に使用することが要求されているグループ報告システムがインストールされていることを検証しなさい。 **(Group Reporting System)** Verify that the group reporting system has been installed, which is required to use for submitting financial information to its parent company.
3-1-3	**（GAAP調整）** のれんの償却，年金会計に関する数理上の差異など，グループ会計方針とローカル会計方針の間に重要な差異があるかどうかを現地CFOに尋ねなさい。差異がある場合は，グループ報告用のパッケージ資料を閲覧し，その差異がGAAP調整シートに記入されていることを確認しなさい。 **(GAAP Adjustments)** Ask the local CFO if there are any significant differences between group and local accounting policies, such as amortization of goodwill, actuarial differences on pension accounting, etc. If there are differences, review

the group reporting package to ensure that the differences are recorded on the GAAP adjustment sheet.

3-2. 会計分野の代表的トピックス　Typical Topics in Accounting Area

3-2-1	**（機能通貨）** 会計記録や財務報告のため，機能通貨をどのように決定したかを現地CFOに尋ねなさい。 **（Functional Currency）** Ask the local CFO how they determined the functional currency for accounting records and financial reporting purposes.
3-2-2	**（収益認識）** 現地の会計方針をレビューし，収益認識に関する明確な方針を持っていることを確認しなさい。また，何の文書やデータで収益認識を裏付けるのかを現地CFOに尋ねなさい。 **（Revenue Recognition）** Review local accounting policies to ensure that the subsidiary company has a clear policy on revenue recogniztion. Also, ask the local CFO what documentation or data supports the revenue recognition.
3-2-3	**（不良債権）** 現地の会計方針をレビューし，会社が貸倒引当金に関する明確な方針を持っていることを確認しなさい。また，財務チームが不良債権分析のために何を行っているかを現地CFOに尋ねなさい。 **（Bad-debts）** Review local accounting policies to ensure that the subsidiary company has a clear policy on bad-debt allowances. Also, ask the local CFO what the financial team performs for bad-debt analysis.
3-2-4	**（棚卸資産）** 現地の会計方針をレビューし，古くなった在庫や廃番在庫に対する引当金，その他予想される損失のための引当金に関する明確な方針を持っていることを確認しなさい。また，在庫管理チームや財務チームが在庫分析のために何を行っているかを現地CFOに尋ねなさい。

第Ⅲ章　コンプライアンスと統制環境　*47*

	(Inventories) Review local accounting policies to ensure that the subsidiary company has clear policies on inventory allowances for aged/obsoleted and other anticipated losses.　Also, ask the local CFO what the inventory management team or financial team perform to analyze the inventories.
3-2-5	(固定資産) 現地の会計方針をレビューし，固定資産の減価償却方法，償却期間および減損に関する明確な方針を持っていることを確認しなさい。 (Fixed Assets) Review local accounting policies to ensure that the subsidiary company has clear policies regarding depreciation methods, depreciation periods and impairment of fixed assets.
3-2-6	(偶発事象) 現地の会計方針をレビューし，偶発事象（訴訟，製品保証，環境責任債務など）の会計処理および報告に関する明確な方針を持っていることを確認しなさい。 (Contingencies) Review local accounting policies to ensure that the company has clear policies regarding the accounting and reporting of contingencies（e.g. lawsuits, product warranties, environmental liabilities）.
3-2-7	(知的財産権) 特許権，著作権，商標権，実用新案権，意匠権など，社内の知的活動から生まれた無形財産の所有権の帰属や発明賞与などの規則があるかどうかを現地CEOに尋ねなさい。また，外部契約者やフリーランサーとの共同開発があるかを現地CEOに尋ね，そこから発明された無形財産の帰属について明文化されていることを契約書の査閲で確認しなさい。知的財産権など無形資産が存在すると判断された場合，それらの会計処理方針があるかどうかを現地CFOに尋ねなさい。 (Intellectual Property) Ask the local CEO whether they have clear rule regarding the ownership and compensation of intangible assets resulting from original human thought and creativity, such as patents, copyrights, trademarks, utility model rights, design rights, etc. Also, ask the local CEO whether

they collaborate with contractors/freelancers, and review their contracts to ensure that they contain clauses prescribing ownership of any intangible assets created through the collaboration. If you conclude that the subsidiary company has intangible assets (incl. intellectual properties), ask the local CFO whether the subsidiary company has a clear policy regarding the accounting of intangible assets.

3-2-8	(オフバランス項目) 現地の会計方針をレビューし，オフバランス項目（ファクタリング，証券化，SPEなど）の会計処理および報告に関して明確な方針を持っていることを確認しなさい。 (Off-balance Sheet Items) Review local accounting policies to ensure that the subsidiary company has clear policies regarding the accounting and reporting of off-balance sheet items (e.g. factoring, securitization, SPEs).

3-3. 会計監査　Financial Audit

3-3-1	(監査契約) 会社が監査法人と監査契約を締結しているかどうかを現地CFOに尋ねなさい。さらに，契約書をレビューし，グループ報告書も監査対象であること確認しなさい。 (Audit Engagement) Ask the local CFO if the company has an audit engagement with an audit firm. In addition, review the letter of engagement to ensure that group reports are also covered by the audit engagement.
3-3-2	(監査人の信頼性) 監査人が国際的な事務所か地元の事務所か，また会社がどのようにしてその監査人を選んだかを現地CFOに尋ねなさい。 (Auditor Credibility) Ask the local CFO if the auditor is an international or a local firm, and how the subsidiary company selected that auditor.
3-3-3	(監査人の関与年数)

監査法人が監査に関与してきた年数を現地CFOに尋ねなさい。関与が長すぎると思われる場合は，現地CFOに監査人を変更する予定があるかどうか尋ねなさい。

(Lenght of Auditor Involvement)
Ask the local CFO how many years the audit firm has been involved in the audit. If it is considered too long, ask the local CFO if they plan to change auditors.

3-3-4	**(監査意見)** 過去5年間の監査報告書をレビューし，監査人が報告書で無限定適正意見を表明していることを確認しなさい。他の意見が表明されている場合は，現地CFOにその背景について尋ねなさい。 (Audit Opinion) Review audit reports for the past 5 years to ensure that the auditor has expressed unqualified opinions in their reports. If any other opinion has been expressed, ask the local CFO about the reasons.
3-3-5	**(監査法人とのコミュニケーション)** 監査法人を訪問し，過去5年間の監査業務でどのような会計上の誤りや内部統制の弱点が見つかったかを尋ねなさい。また，それらの誤りや弱点について，会社がどう対応したかについて，現地CFOに尋ねなさい。 (Communication with the Audit Firm) Visit the audit firm and ask them what accounting errors or internal control weaknesses they have found in their audit work over the past 5 years. In addition, ask the local CFO how to respond to the errors and weaknesses.
3-3-6	**(監査法人からの非保証サービス)** 監査法人が子会社に非保証サービスを提供しているかどうかを現地CFOに尋ねなさい。提供している場合は，それが親会社の監査役会メンバーによって承認されたことを確認しなさい。 (Non-assurance Services from the Audit Firm) Ask the local CFO if the audit firm is providing non-assurance services to the subsidiary company. If so, ensure that they have been approved by the audit & supervisory board members of the parent company.

50

3-4. タックス・マネジメント　Tax Management

3-4-1	（税務アドバイザリー サービス） 税務コンプライアンスや税務申告のため，税務専門家と顧問契約を締結しているか，現地CFOに尋ねなさい。 （Tax Advisory Services） Ask the local CFO if they have contracted with tax professionals for tax compliance and tax return purposes.
3-4-2	（税務調査） 税務当局が最後に会社を調査したのはいつか，また，その時，税務当局がどのような税務調整を指導したかを現地CFOに尋ねなさい。 （Tax Audit） Ask the local CFO when the tax authorities last audited the company and what tax adjustments they recommended at the audit.
3-4-3	（移転価格に関するポリシー） 移転価格に関するポリシーやローカル・ファイルなどの税務文書があるかどうかを現地CFOに尋ねなさい。 （Transfer Pricing Policy） Ask the local CFO if they have tax documents, such as transfer pricing policies and local file.

■本節に関連する監査報告書の例

　海外子会社の会計監査人が監査報告書において，毎年，適正意見を表明していると，その子会社には何も問題はないと認識しがちです。しかし，会計監査人が長年，現地子会社の監査に従事していると，クライアントに対する猜疑心が薄れ，馴れ合いの関係が生まれます。会計監査人を交代したとたんに，問題点が発見されるということはよくあることです。

　以下は，会計監査人の長期関与を指摘した報告書の文例です。

Auditors should be changed because
the engagement period is too long:

第Ⅲ章　コンプライアンスと統制環境　　*51*

Fact —
XYZ Audit Co., Ltd. has engaged in the audit of the company's financial statements. Its engagement exceeds 25 years.

Risk —
Long-term relationships between auditors and clients can lead to familiarity threats, where auditors become too comfortable with management, potentially compromising their objectivity and independence. Also, the auditors may become overly reliant on management for information, which can diminish their skepticism and the overall quality of the audit.

Recommendation —
We recommend the company to change auditors due to the following reasons:
 i) Enhancing audit quality —
   Rotation of auditors introduces fresh perspectives and skepticism into the audit process. New auditors may identify issues or areas of concern that previous auditors might have overlooked.
 ii) Mitigating familiarity threats —
   By rotating auditors, the new auditors can take a critical and unbiased approach to their work.
 iii) Addressing independence concerns —
   Rotating auditors can help alleviate concerns about independence.

Management Comments (*Response to the Recommendation*) —
I agree. We will consider the auditors change.
(Mr. xxxx, local CEO)

（参考訳）
会計監査人の交替について

背 景 —
XYZ有限監査法人は，会社の財務諸表監査に従事していますが，その関与期間が25年を超えています。

リスク —
会計監査人がクライアント企業と長期的な関係になると，馴れ合いになるおそれがあります。それにより，客観性と独立性が損なわれるかもしれません。また，会計

監査人が会社の情報を過度に信頼してしまうことにより，監査人の懐疑心が薄れ，監査の全体的な品質が低下するおそれもあります。

改善提案 ―
会計監査人を変更することをお勧めします。理由は，次のとおりです。
  ⅰ） 監査品質の向上 ―
     会計監査人をローテーションすることにより，監査プロセスに新たな視点と懐疑心がもたらされます。新しい会計監査人は，前の監査人が見落としていた問題や懸念事項を特定できる場合があります。
  ⅱ） 馴れ合いリスクの軽減 ―
     会計監査人をローテーションすることで，新しい監査人は批判的かつ偏りのないアプローチをとることができます。
  ⅲ） 独立性に関する懸念への対処 ―
     会計監査人をローテーションすることで，独立性に関する懸念を軽減できます。

マネジメント・コメント（改善提案に対する現地経営者の回答） ―
同意します。会計監査人の交替を検討します。
（現地CEO xxx氏）

4. サステナビリティ　Sustainability

　サステナビリティ活動を子会社でも取り入れることで，親会社の全体的なサステナビリティ目標に貢献できるだけでなく，長期的な成功に向けた取り組みとして現地市場や現地顧客にアピールすることが可能になります。
　以下は，子会社におけるサステナビリティの取組状況を確認するための監査プログラムの例です。

4-1. 憲章/規則　Charter/Regulations

4-1-1	（サステナビリティ憲章の共有） サステナビリティ憲章とは，グループの環境，社会，経済に対する責任の指針となる枠組みです。従業員に対してグループのサステナビリティ憲章

第Ⅲ章　コンプライアンスと統制環境　　*53*

	をどのように共有しているかを現地CEOに尋ねなさい。 (Share of Sustainability Charter) A sustainability charter serves as a guiding framework for the group's environmental, social, and economic responsibilities.　Ask the local CEO how the group's sustainability charter is shared with employees.
4-1-2	(サステナビリティに関する現地ガイダンスの改正) サステナビリティの現地ガイダンス・規則の改正を子会社がどのように認識しているか，現地CEOに尋ねなさい。 (Update of Local Guidance on Sustainability) Ask the local CEO how the subsidiary is aware of changes in local guidance/regulations on sustainability.

4-2.　組織　Organization

4-2-1	(チーム・責任者) 子会社の文書をレビューし，サステナビリティ活動を管理するためのチームが編成され，責任者が任命されていることを確認しなさい。 (Team/Officer) Review the subsidiary company's document to ensure that a team has been formed and a person in charge has been appointed to manage the sustainability activities.

4-3.　戦略　Strategies

4-3-1	(戦略計画) 会社の事業戦略を策定する際，持続可能性に関する次の作業を実施したかどうかを現地CEOに尋ねなさい。 　・会社の現在の持続可能性のポジションを評価すること 　・ビジネス目標に沿った明確で測定可能な持続可能性の目標を設定すること 　・関連データを収集し，主要業績評価指標（KPI）を設定すること 　・詳細な行動計画を作成し，実行部隊を編成すること

(Strategic Planning)

Ask the local CEO if the subsidary company has carried out the following work regarding sustainability when formulating the company's business strategies:

- Assessing the company's current sustainability position
- Setting clear and measurable sustainability goals aligned with business objectives
- Gathering relevant data and establishing key performance indicators (KPIs)
- Creating detailed action plans and dedicated teams for implementation

---

4-3-2

（環境への取組み）

環境への取組みに関する子会社のKPIをレビューし，そのKPIがグループのKPIと離齬がないことを確認しなさい。

（注）　一般的に，KPIは，次のとおり，環境への影響を減らすことに焦点を当てて設定されます。

- 炭素排出量の削減，地球温暖化の抑制に沿った科学的目標の設定
- エネルギー効率の向上と再生可能エネルギー源への移行
- 廃棄物の削減とリサイクル活動の強化
- 水やその他の天然資源の保全
- 生物多様性の保護

（Environmental Initiatives)

Review the company's KPIs for environmental initiatives to ensure that the KPIs are aligned with the group's KPIs.

(Note)　Generally, KPIs will be set to focus on reducing environmental impact, including:

- Decreasing carbon emissions and setting science-based targets aligned with limiting global warming
- Improving energy efficiency and transitioning to renewable energy sources
- Reducing waste and increasing recycling efforts
- Conserving water and other natural resources
- Protecting biodiversity

4-3-3

（社会的責任）

企業の社会的責任に関するKPIをレビューし，従業員，消費者およびコミュニティに利益をもたらすようなKPIが設定されていることを確認しなさい。たとえば，

第Ⅲ章　コンプライアンスと統制環境　　*55*

> ・公正な労働慣行と安全な労働条件
> ・多様性，公平性，包摂性
> ・慈善活動やボランティア・プログラムを通じた地域社会への支援
> ・持続可能で倫理的なサプライチェーン
>
> ---
>
> （Social Responsibility）
> Review the company's KPIs for social responsibility to ensure that the KPIs are set to benefit employees, consumers and communities, such as:
> ・Fair labor practices and safe working conditions
> ・Diversity, equity and inclusion
> ・Supporting local communities through philanthropy and volunteer programs
> ・Sustainable and ethical supply chains

■本節に関連する監査報告書の例

　1970年代，国際会議や国際機関などで，「サステナビリティ」という概念が打ち出され，1980年代になると，国連の「環境と開発に関する世界委員会」（通称ブルントラント委員会）から「Our Common Future」と題する報告書が発表されました。これにより，「サステナビリティ」の概念がより具体化されました。その後，2015年には国連でSDGs（持続可能な開発目標）が採択され，世界共通の目標として設定されると，サステナビリティへの取組みが企業や政府，個人レベルでも重要視されるようになりました。大企業を中心にサステナビリティに関する情報が開示されると，今度は，その情報の信頼性に関心が寄せられるようになってきました。欧州のThe Corporate Sustainability Reporting Directive（CSRD）などは，一定条件の企業が公表するサステナビリティ報告に対し，第三者保証の取得を要求しています。

　以下は，サステナビリティ報告に関する第三者保証を見据えたリスクについて指摘した報告書の文例です。

> *The company should start reaching out to potential assurance providers before sustainability assurance becomes mandatory:*

Fact —

According to current regulatons and reporting frameworks, our group and subsidiaries are not required to obtain third-party assurance of our sustainability information and data. However, regulations and reporting frameworks in certain regions are starting to require or encourage third-party assurance for sustainability data. For example, the EU's Corporate Sustainability Reporting Directive (CSRD) has required certain companies to obtain assurance on sustainability information, and major reporting frameworks, such as CDP, GRI and TCFD, are placing increasing emphasis on data quality and assurance. The demand for sustainability assurance is gradually increasing.

Risk —

It suggests there is a growing market of assurance providers to meet the rising demand. If third-party assurance for sustainability becomes mandatory, assurance providers may not be able to accept all requests from clients due to their limited resources. If the company delays in reaching out to assurance providers, it may have difficulty finding one.

Recommendation —

We recommend the company to start reaching out to potential assurance providers before sustainability assurance becomes mandatory.

Management Comments（Response to the Recommendation）—
I agree.
（Mr. xxxx, local CEO）

（参考訳）
サステナビリティ保証プロバイダーへのコンタクトについて

背 景 —

現行の規則や報告フレームワークによると，当社グループおよび子会社は，その持続可能性の情報・データに対して第三者保証を求められているわけではありません。しかし，一部地域の規則や報告フレームワークでは，持続可能性データに対する第三者保証を求めたり，推奨したりし始めています。たとえば，EUの企業持続可能性報告指令（CSRD）では，2024年1月1日から特定の企業に持続可能性情報の保証を求めていますし，CDP，GRI，TCFDなどの主要な報告フレームワークでは，データの品質と保証をますます重視しています。持続可能性に対する保証ニーズは，徐々に高まっています。

第Ⅲ章　コンプライアンスと統制環境　　57

リスク ―
保証への需要の高まりは，保証プロバイダーの市場が拡大していることを意味しています。仮に，持続可能性に対する第三者保証が義務化された場合，保証プロバイダーはリソースが限られているため，クライアントからのすべての要求を受託することができなくなるかもしれません。保証プロバイダーへのコンタクトが遅れると，会社は保証プロバイダーを見つけることが困難になるかもしれません。

改善提案 ―
持続可能性の保証が義務化される前に，保証プロバイダー候補にコンタクトし始めることをお勧めします。

マネジメント・コメント（改善提案に対する現地経営者の回答）―
同意します。
（現地CEO xxx氏）

情報システム管理および情報セキュリティ
Information System Management and Information Security

　情報システム管理および情報セキュリティは，単なる技術的な課題ではなく，ビジネス戦略やビジネス上の成否に関わる重要な要素です。したがって，子会社を往査した際には，それらの管理状況を詳しく調べる必要があります。ただ，この領域は極めて専門的ですので，監査役監査で詳しく調べることは少ないかもしれません。

　本章では，情報システム管理および情報セキュリティを対象にした監査プログラムの例をいくつか紹介していますが，情報システムやその管理，情報セキュリティに対する監査は，IT専門家の支援を受けるなど，工夫が必要になるかもしれません。

1. 戦略および計画　　Strategy and Plan

1-1-1	(現地のIT戦略・計画) ITシステムの整備について，現地独自の戦略・計画を有しているのか，また，グループ戦略・計画に従っているのかを，現地のITマネジャーに尋ねなさい。ローカル戦略・計画がある場合は，それをレビューし，以下を確認しなさい。 　・ローカル戦略・計画がグループ戦略・計画と矛盾していないこと

	・ローカル戦略・計画が組織目的をサポートするものであること
	(Local IT Strategy/Plan) Ask the local IT manager whether they have their own local strategy/plan for developing IT systems or they just follow the group strategy/plan. If they have a local strategy/plan, review it to ensure that: ・the local strategy/plan does not deviate from the group strategy/plan. ・the local strategy/plan supports the organizational objectives.
1-1-2	(IT予算) ITシステムの開発を進めるためのIT予算が十分であるかどうかを現地ITマネジャーに尋ねなさい。
	(IT Budget) Ask the local IT manager if their IT budget is sufficient to proceed with IT system development.

2. ITインフラ　IT Infrastructure

2-1-1	(システム・マップ) システム・マップをレビューし，次のコンポーネントが管理対象になっていることを確認しなさい。 ・ハードウェア（サーバー，コンピュータ，携帯機器，ネットワーク設備，蓄電システム） ・ソフトウェア（オペレーティング・システム，アプリケーション，データベース，セキュリティおよび管理ツール） ・ネットワーク（ローカルおよび広域ネットワーク，インターネット接続，ファイアウォール） ・施設（データ・センター，サーバー・ルーム，電力および熱管理システム） ・クラウド・サービス（IaaS，PaaS）
	(System Map) Review system maps to verify that the following components are managed:

第Ⅳ章　情報システム管理および情報セキュリティ　　*61*

	· Hardware（servers, computers, mobile devices, networking equipment, energy storage systems） · Software（operating systems, applications, databases, security and management tools） · Network（local and wide area networks, internet connectivity, firewalls） · Facilities（data center, server rooms, power and cooling systems） · Cloud Services（IaaS, PaaS）
2-1-2	（システム・パフォーマンスのモニタリング） システムのパフォーマンスと可用性をどのようにモニターしているか，現地ITマネジャーに尋ねなさい。 （Monitoring System Performance） Ask the local IT manager how they monitor the system performance and availability.
2-1-3	（ダウンタイム） １年間にシステム上のダウンタイムが何分発生したかを現地ITマネジャーに尋ねなさい。また，ダウンタイム・データを閲覧し，システムが陳腐化していないかどうかを判断しなさい。 （Downtime） Ask the local IT manager how many minutes of the downtime their systems experienced in a year．Also, review the downtime data to determine if each system is outdated.
2-1-4	（保守サービス契約） 各システムの使用年数を現地ITマネジャーに尋ねなさい。また，古いシステムが保守会社によって今後も完全にサポートされることを確認しなさい。 （Maintenance Contracts） Ask the local IT manager how old each system is, and ensure that older systems will continue to be fully supported by the maintenance companies.

3. 職務分掌 Segregation of Duties

3-1-1	**(開発・テスト・導入)** 組織図を閲覧し，開発，テストおよび導入の各プロセスが分離され，各段階に異なるチームまたは担当者が責任を負っていることを確認しなさい。 **(Development/Testing/Deployment)** Review the organizational chart to ensure that development, testing and deployment processes are separated with different teams or individuals responsible for each stage.
3-1-2	**(アクセス管理)** ITに関する権限リストを査閲し，アプリケーション，システムおよびデータへのアクセス権の許可と管理のプロセスに複数の人が関与していることを確認しなさい。たとえば， 　ⅰ)　１人がアクセス権を申請 　ⅱ)　別の人が申請を承認 　ⅲ)　３人目がアクセス権を実装するなど **(Access Management)** Review IT authorization lists to ensure that multiple people are involved in the process of granting and managing access to applications, systems and data. For example: 　ⅰ)　One person requests access 　ⅱ)　Another approves the request 　ⅲ)　A third person implements the access
3-1-3	**(管理者権限)** 高レベルの管理アクセス（たとえば，root権限など）が以下のように厳重に管理されているかどうかを現地ITマネジャーに尋ねなさい。 　・管理者グループを小規模にし，厳重に管理すること 　・管理アクティビティを記録するために安全なログ・ファイルを使用すること 　・管理者が運用コンテンツやビジネス・コンテンツに不必要にアクセスすることを禁止するポリシーを制定すること

（Administrator Rights）

Ask the local IT manager if high-level administrative access (e.g., "root" access) is tightly controlled by:

- Keeping the group of administrators small and closely managed
- Using secure log files to record administrative activities
- Implementing policies prohibiting administrators from accessing operational and business content unnecessarily

3-1-4	（変更管理） 社内文書を閲覧し，変更管理プロセスが次の役割に分けられていることを確認しなさい。 　i ）　承認による変更の開始 　ii ）　変更のための開発 　iii）　テストと品質保証 　iv）　実装承認 　v ）　システムへの実装 （Change Management） Review internal documents to ensure that change management processes are segregated across the following roles: 　i ）　Initiation of change with authorization 　ii ）　Development of the change 　iii）　Testing and quality assurance 　iv）　Approval for implementation 　v ）　Actual implementation in systems
3-1-5	（バックアップおよび復旧） バックアップ中や復旧作業中のデータ改竄や不正アクセスを防ぐため，バックアップおよび復旧プロセスの担当者とデータやシステムへのアクセス権を持つ担当者を分けているかどうか，現地ITマネジャーに尋ねなさい。 （Backup and Recovery） Ask the local IT manager if personnel responsible for backup and recovery processes are separate from those with access to data/systems to help prevent data manipulation or unauthorized access during backup/recovery operations.

3-1-6	（セキュリティ管理） セキュリティ・インフラを１人の人物によって制御してしまわないよう，次の役割が分けられているかどうかを現地IT管理者に尋ねなさい。 　ⅰ）　セキュリティ方針の決定 　ⅱ）　セキュリティ制御の実行 　ⅲ）　セキュリティ対策の監視と監査 （Security Administration） Ask the local IT manager if the following roles are separated to ensure that no single individual has complete control over the security infrastructure: 　ⅰ）　Security policy definition 　ⅱ）　Implementation of security controls 　ⅲ）　Monitoring and auditing of security measures

4.　デバイス管理　Device Management

4-1-1	（モバイル・デバイス管理） 社内のモバイル・デバイスを一元管理して保護するため，次のソリューションが有効かどうかを現地の担当マネジャーに尋ねなさい。 　・デバイスの登録と提供 　・リモート構成とポリシーの適用 　・アプリの管理と配布 　・暗号化やリモート・ワイプなどのセキュリティ制御 　・監視 （Mobile Device Management_ MDM） Ask the local manager in-charge if the following solutions are available to employees to centrally manage and secure mobile devices across the company: 　・Device enrollment and provisioning 　・Remote configuration and policy enforcement 　・App management and distribution 　・Security controls, such as encryption and remote wipe.

4-1-2	（セキュリティ方針） デバイスの使用，セキュリティ要求および使用範囲に関する方針を査閲し，これらの方針が適用されていることを確認しなさい。方針には一般的に次の内容が含まれます。 　・パスワードやPIN 　・暗号化 　・アプリの制限 　・ネットワークへのアクセス制御 　・データ・バックアップ （Security Policies） Review policies around device usage, security requirements and acceptable use to ensure that these policies are being enforced. Policies typically include: 　・Password/PIN requirements 　・Encryption 　・App restrictions 　・Network access controls 　・Data backup
4-1-3	（デバイスの更新） 脆弱性を補正するために，オペレーティング・システムやアプリの更新を定期的に実施しているか，現地の担当マネジャーに尋ねなさい。 （Device Update） Ask the local manager in-charge if they regularly push out operating system and app updates to patch vulnerabilities.
4-1-4	（アプリ管理） デバイスにインストールできるアプリを管理しているかどうか，また従業員が不要なアプリや危険なアプリをインストールできないように制限しているかどうかを現地の担当マネジャーに尋ねなさい。 （Apps Management） Ask the local manager in-charge whether they control which apps can be installed on devices, and whether they restrict employees from installing unnecessary or risky apps.

4-1-5	（データ保護） 次のようなデータ保護対策が実施されているかどうかを現地ITマネジャーに尋ねなさい。 　・デバイスの暗号化 　・ビジネス・データの安全なコンテナ 　・データ損失防止制御 　・リモート・ワイプ機能 （Data Protection） Ask the local IT manager whether data protection measures such as: 　・Device encryption 　・Secure containers for business data 　・Data loss prevention controls 　・Remote wipe capabilities
4-1-6	（デバイス使用状況の監視） デバイスの状態，コンプライアンス，潜在的なセキュリティの問題を監視するため，MDMレポートや分析の機能を使用しているかどうか，現地の担当マネジャーに尋ねなさい。 （Device Usage Monitoring） Ask the local manager in-charge whether they use MDM reporting and analytics to monitor device status, compliance and potential security issues.
4-1-7	（紛失・盗難時の対応） デバイスが紛失または盗難した場合，リモート・ロックやワイプ機能など，迅速に対応するための手順が整備されているかどうかを確かめるため，当該手順書を閲覧しなさい。 （Responses to Lost/Stolen Devices） Review procedure documents to ensure that the subsidiary has procedures in place to quickly respond if a device is lost or stolen, including remote lock and wipe capabilities.
4-1-8	（ユーザー・トレーニング） デバイス方針，セキュリティのベスト・プラクティス，MDM機能の使用方法などについて従業員を教育していることを確かめるため，教育資料を閲覧しなさい。

	(User Training)
	Review training materials to ensure that the subsidiary has trained employees on device policies, security best practices, how to use MDM features, etc.
4-1-9	(外部専門家によるサポート)
	新しいリスクに対処するために外部専門家による定期的なトレーニングやサポートを受けているかどうかを現地ITマネジャーに尋ねなさい。
	(Support from External Experts)
	Ask the local IT manager if they receive regular training and support from external experts to address new risks.

5. ソフトウェア管理　Software Management

5-1-1	(検出と監視)
	従業員のデバイスにインストールされているアプリケーションをITチームがどのように検出し，子会社全体で使用されているアプリケーションをどのように監視しているのか，現地の担当マネジャーに尋ねなさい。
	(Detection and Monitoring)
	Ask the local manager in-charge how IT teams detect what applications are installed on employee devices and monitors what applications are being used across the subsidiary company.
5-1-2	(更新とセキュリティ)
	古くなったアプリケーションの隙をついたサイバー攻撃を防ぐため，アプリケーションをどのように最新の状態に更新し，セキュリティを確保するのかについて，現地ITマネジャーに尋ねなさい。
	(Updates and Security)
	Ask the local IT manager how to keep their applications up-to-date and secure to prevent cyberattacks that exploit outdated applications.
5-1-3	(ライセンス・コンプライアンス)
	購入したライセンスに対するインストール数の監視やソフトウェア権利の

管理など，法的問題（ソフトウェアの著作権侵害など）を回避するために
ITチームがどのようにソフトウェア・ライセンスを追跡しているかを担
当マネジャーに質問しなさい。

（License Compliance）
Ask the local manager how IT teams track software licenses to avoid
legal issues (e.g. infringement of software, software piracy), including
monitoring the number of installations against purchased licenses and
managing software entitlements.

5-1-4	（コストの最適化） ITチームがどのようにソフトウェアの使用状況をチェックし，ソフトウェ ア・コストを最適化しているのかを現地の担当マネジャーに尋ねなさい。 たとえば，未使用または十分に活用されていないソフトウェア・ライセン スを特定したり，必要に応じてリソースを再割り当てしたりするなど。 （Cost Optimization） Ask the local manager in-charge how IT teams monitor software usage and optimize their software costs. For example, identifying unused or underutilized software licenses, reallocating resources as needed, etc.
5-1-5	（コンピュータ・ウイルス対策） サーバーやコンピュータ端末にコンピュータ・ウイルス対策ソフトがイン ストールされているかどうかを確かめなさい。 （Measures against Computer Viruses） Check whether anti-computer virus software is installed on servers and computer terminals.
5-1-6	（スプレッドシート・コントロール） スプレッドシート（MS-Excelなど）について，どのようなコントロール を実施しているのか，現地のITマネジャーから聴取し，改善すべき点が ないか判断しなさい。

（注）　スプレッドシートに対する適切なコントロールがないと，一般的に
は，次のような問題が発生する可能性があります。
・エラーの発生しやすさ──スプレッドシートは，単純なデータ入力
ミスから複雑な数式エラーまで，人為的なエラーが発生しやすい。
・脆弱なセキュリティ──スプレッドシートには堅牢なアクセス制御
や暗号化メカニズムが欠けていることが多く，不正アクセスやデー
タ侵害に対して脆弱です。さらに，スプレッドシートが悪意のある

人物の手に渡ると，機密情報が簡単に漏洩する可能性があります。
・困難な拡張性——ビジネスが成長するにつれて，スプレッドシートの管理が難しくなります。大量のデータや複雑な計算を処理できないため，パフォーマンスの問題が発生します。また，スプレッドシートに複数バージョンがあると，どれが最新かつ正確なデータセットなのか特定することが困難になります。
・証跡の欠如——適切な管理がないと，誰がデータにアクセスしたか，またはデータを変更したかを追跡することが難しくなります。

(Spreadsheet Controls)

Ask the local IT manager what controls they have for spreadsheets (e.g. MS-Excel) in place and determine whether there are no areas that need improvement.

(Note)　Without proper spreadsheet controls, generally, the following critical issues may arise:

・Error Proness - Spreadsheets are prone to human error from simple data entry mistakes to complex formula errors. Also, complex formulas can lead to calculation errors.

・Vulnerable Security - Spreadsheets often lack robust access controls and encryption mechanisms, making them vulnerable to unauthorized access and data breaches. In addition, sensitive information can be easily exposed if a spreadsheet falls into the wrong hands.

・Limited Scalability - As businesses grow, spreadsheets become increasingly difficult to manage. They are not equipped to handle large amounts of data or complex calculations, leading to performance issues. In addition, multiple versions of a spreadsheet make it difficult to identify the most up-to-date and accurate datasets.

・Lack of Trails - Without proper controls, it is difficult to track who has accessed or modified the data.

5-1-7

(RPA)

もし該当があれば，ロボティック・プロセス・オートメーション（RPA）の導入プロジェクトをどのように管理しているか，現地システム責任者に尋ねなさい。

(注)　RPA導入プロジェクトの管理には，次の項目などがあります。
・RPAの開発，配備，保守，進化に関するガイドラインの作成
・自動化する前の既存プロセスの分析
・ロボットの実行を問題なく行うためのエラー処理の実装

・シチズン・デベロッパー（非IT従業員による開発者）とロボット・スーパーバイザーの育成
・コスト削減，生産性向上，エラー削減などの指標の追跡等

（RPA）

If any, ask the local system manager how they manage projects implementing Robotic Process Automation （RPA）.

(Note)　RPA project management includes:
・Developing guidelines for development, deployment, maintenance, and evolution of RPA.
・Analyzing existing processes before automating them.
・Implementing error handling to make bot execution trouble-free.
・Training to create citizen developers and robot supervisors.
・Tracking metrics like cost savings, productivity gains, and error reduction.

| 5-1-8 | （生成AI）
もし該当があれば，生成AIの導入プロジェクトをどのように管理しているか，現地システム責任者に尋ねなさい。

　　(注)　生成AI導入プロジェクトの管理には，次の項目などがあります。
　　　　　・従業員向けの利用ルールや倫理ガイドラインなどの策定
　　　　　・AI技術の最新動向を踏まえた活用方法の定期的見直し
　　　　　・従業員のAIに関する理解とスキルを向上させるための研修
　　　　　・パフォーマンスの監視と継続的な改善

（Generative AI）

If any, ask the local system manager how they manage projects implementing generative AI.

　　(Note)　Generative AI project management includes:
　　　　　・Developing rules for use and ethical guidelines for employees
　　　　　・Regular review of usage based on the latest trends in AI technology
　　　　　・Training to improve employees' AI understanding and skills
　　　　　・Monitoring performance and continuous improvement |

第Ⅳ章　情報システム管理および情報セキュリティ　　*71*

6.　アクセス・コントロール　Access Control

6-1-1	**（最小権限の原則）** 不正アクセスやデータ侵害を防止するため，ユーザーに職務を遂行するために必要な最小限のアクセス権限を付与しているかどうかを現地ITマネジャーに尋ねなさい。<hr>**(Principle of Least Privilege)** Ask the local IT manager whether they grant users the minimum level of access needed to perform their job functions to prevent unauthorized access and data breaches.
6-1-2	**（役割ベースのアクセス制御_ RBAC）** 管理を簡素化するため，ユーザーの役割に基づいてアクセス権を割り当てる方法（RBAC）を採用しているかどうかを現地ITマネジャーに尋ねなさい。RBAC が適用されている場合は，どのような具体的な制御が実施されているかを尋ね，その制御が有効かどうかを判断しなさい。<hr>**(Role-Based Access Control_ RBAC)** Ask the local IT manger whether they have a system in place that assigns access rights based on user roles to simplify management (i.e. RBAC). If the RBAC is applied, ask him/her what specific controls are in place and determine whether the controls are effective.
6-1-3	**（多層セキュリティ）** ユーザー IDを確認するため，多要素認証を実行しているかどうか，現地の担当マネジャーに尋ねなさい。<hr>**(Multi-layered Security)** Ask the local manager in-charge if they implement multi-factor authentication to verify user IDs.
6-1-4	**（定期的なレビュー）** ユーザーのアクセス権を定期的に確認しているかどうか，また，不要になったユーザーのアクセス権を削除したり，役割が変更されたユーザーのアクセス権を変更したりしているかどうかを現地担当マネジャーに尋ねな

さい。さらに，従業員名簿から退職した従業員5名を選択し，彼らのアクセス権が削除されたことを確かめなさい。

(Periodic Review)
Ask the local manager in-charge whether they conduct periodic reviews of user access rights, and whether they remove access for users who no longer need it or modify access for users who have changed roles. In addition, select 5 employees who left the company from an employee register and verify that their access rights have been removed.

6-1-5	**(アクセス・ログ)** 疑わしい動作を検出するため，ユーザーのアクセス試行を追跡しているかどうか，また，定期的にログをレビューしているかどうかを現地の担当マネジャーに尋ねなさい。 (Access Log) Ask the local manager in-charge whether they track user access attempts, and whether they review logs regularly to detect suspicious behavior.
6-1-6	**(ユーザー教育)** セキュリティのベスト・プラクティスやアクセス認証情報の重要性について従業員を教育しているかどうか，現地ITマネジャーに尋ねなさい。 (User Education) Ask the local IT manager if they train employees on security best practices and the importance of access credentials.

7. 情報セキュリティおよびデータ管理
Information Security and Data Management

7-1-1	**(情報セキュリティおよびデータ管理に関する方針・規則)** 情報セキュリティおよびデータ管理に関する文書化された方針・規則があるかどうかを情報セキュリティ責任者に尋ねなさい。 (Policies/Rules regarding Information Security & Data Control)

第Ⅳ章　情報システム管理および情報セキュリティ　73

	Ask the information security officer whether there are documented policies/rules regarding information security and data control.
7-1-2	(個人情報保護に関する規則) 個人情報保護に関する文書化された規則があるかどうかを情報セキュリティ責任者に尋ねなさい。 (Rules on Personal Information Protection) Ask the information security officer whether there are written rules on personal information protection.
7-1-3	(情報の機密保持) 情報セキュリティに関する会社文書を閲覧し，情報へのアクセスはアクセスを許可された人のみに許可されていることを確認しなさい。機密保持への対応として，会社文書には次の内容が記載されていることが推奨されます。 　・機密データへのアクセスを制限すること（ファイアウォールなど） 　・暗号化を使用してデータを保護すること 　・強力な認証手段を実装すること (Confidentiality of Information) Check the company's documents regarding information security to ensure that information is accessible only to those authorized to have access. It is suggested that the following points are stated in the company's documents to ensure confidentiality: 　・Restricting access to sensitive data（e.g. firewall） 　・Using encryption to protect data 　・Implementing strong authentication measures
7-1-4	(情報の完全性) データの正確性と一貫性を維持し保証するために，以下の対策が講じられているかどうかを現地の情報セキュリティ責任者に尋ねなさい。 　・不正な変更の防止 　・ハッシュ，デジタル署名，暗号化の使用 　・変更管理と監査証跡の実装 (Integrity of Information) Ask the local information security officer whether the following measures are in place to maintain and assure the accuracy and

	consistency of data:
	· Preventing unauthorized modifications
	· Using hashing, digital signatures, and encryption
	· Implementing change controls and audit trails
7-1-5	（情報の可用性） 次の目的を達成するため，どのような対策を講じているかを現地の担当マネジャーに尋ねなさい。 　・冗長性（予備装置など）やバックアップ 　・停電やサイバー攻撃などの混乱からの保護 （Information Availability） Ask the local manager in-charge what measures they are taking to achieve the following objectives: 　· Redundancy and backups 　· Protection against disruptions, such as power outages, cyber attacks
7-1-6	（外部専門家によるサポート） 情報セキュリティに関する新しいリスクに対処するために外部専門家による定期的なトレーニングやサポートを受けているかどうかを情報セキュリティ責任者に尋ねなさい。 （Support from External Experts） Ask the information security officer if they receive regular training and support from external experts to address emerging information security risks.
7-1-7	（インシデント対応計画） セキュリティ・インシデントの発見・対応・復旧に関する手順を査閲しなさい。 （Incident Response Planning） Review procedures developed for detecting, responding to and recovering from security incidents.
7-1-8	（セキュリティ意識向上トレーニング） セキュリティのベスト・プラクティスや潜在的な脅威について従業員を教育しているかどうか，情報セキュリティ責任者に尋ねなさい。 （Security Awareness Training）

	Ask the information security officer if they educate employees about security best practices and potential threats.
7-1-9	（物理的なセキュリティ対策） 情報セキュリティのため，どのような物理的セキュリティ対策を講じているかを情報セキュリティ責任者に尋ねなさい。対策の例は以下のとおり。 ・機密情報または重要なITインフラストラクチャを含むエリアへの物理的アクセスを制限すること。たとえば，防壁，ロック，電子アクセス制御システムなど ・CCTVカメラ，警報システムなどによる監視 ・環境の脅威から情報資産を保護すること。たとえば，消火システム，熱や湿気による損傷を防ぐための気温・湿度制御，停電時のデータ損失を防ぐためのバックアップ電源など ・機密情報を含む物理メディアを適切に破壊すること。たとえば，紙のシュレッダー処理，安全なワイピング，電子ストレージ・デバイスの破壊など --- （Physical Security） Ask the information security officer what physical security measures are in place for information security. Example of measures are: ・Restricting physical access to areas containing confidential information or critical IT infrastructure, such as barriers, locks, electronic access control systems, etc. ・Surveillance with CCTV cameras, alarm systems, etc. ・Protecting information assets from environmental threats, such as fire suppression systems, climate control to prevent damage from heat or humidity, backup power supplies to prevent data loss during outages. ・Proper destruction of physical media containing confidential information, such as paper shredding, secure wiping or destruction of electronic storage devices.

■本節に関連する監査報告書の例

　海外には，少人数でオペレーションを遂行しなければならないため，１人の社員がさまざまなアクセス権を持つような子会社もあります。仮に，申請と承認を同一人物で実行できるような体制だとしたら，申請内容に誤謬があっても

発見されませんし，場合によってはデータを改ざんするような不正が起こっても不思議はありません。

　以下は，アクセス権の付与方法における問題点を指摘した報告書の文例です。

Access lists should be reviewed and segregation of duties should be implemented:

Fact —
According to the company's payment manual, the payment process requires separation of duties.　It means that payment requests must be created on the web system by the financial team members and approved by the financial manager.　However, based on our review of the access list for the web system, we found that the financial manager has both access to create requests and the authority to approve requests.

Risk —
If the financial manager can not only create but also approve payment requests, the following risks may be materialized:
- ・Errors going undetected - Mistakes in applications may not be caught if the same person is reviewing their own work.
- ・Fraud - The individual could potentially approve improper or fraudulent requests without detection.

Recommendation —
We recommend that the company reviews the access lists and implement the following principles:
- ・Segregation of application and approval
- ・Least privilege

Management Comments（Response to the Recommendation） —
I agree.　We will review the access list and correct the access grants.
（Mr. xxxx, local CEO）

（参考訳）
アクセス権の再点検について

背　景 —

第Ⅳ章　情報システム管理および情報セキュリティ　77

会社の支払マニュアルによると，支払プロセスには職務の分離が必要とされています。つまり，支払申請は財務チームのメンバーが Webシステム上で作成し，財務マネジャーがその申請を承認しなければなりません。しかし，Webシステムのアクセスリストを査閲したところ，財務マネジャーには申請書作成のアクセス権と申請を承認する権限の両方があることがわかりました。

リスク ─
財務マネジャーが支払申請の作成だけでなく承認も行う場合，以下のリスクが顕在化するおそれがあります。
　・エラーが検出されない──同じ人が自分の作業をレビューする場合，支払の間違いが見つからない可能性があります。
　・不正──不適切または不正な支払を誰かに見つかることなく，1人で実行できる可能性があります。

改善提案 ─
アクセスリストをレビューし，以下の原則を実践すべきです。
　・アプリケーションと承認の分離
　・最小限の権限

マネジメント・コメント（改善提案に対する現地経営者の回答）─
同意します。アクセスリストを点検し，アクセス付与を修正します。
（現地CEO xxx氏）

人材管理

Human Resource Management

　人材管理は，生産的な労働力を生み出すことを目標として，組織内の人材を管理するためのシステムとプロセスです。従業員の募集から，雇用，配置，法令遵守，能力開発，動機付けや生産性向上，解雇や退職までの一連の業務を管理します。現代の人材管理は，統制に重点を置くだけでなく，人事を全体的なビジネス目標と一致させ，組織の戦略に貢献することを目指しています。

1. コンプライアンス　Compliance

　コンプライアンスは，人事上，企業と従業員の両方を守り，倫理的で生産性の高い職場文化を育むために不可欠なものです。コンプライアンスを怠れば，組織に重大な法的，財務的，レピュテーション上の悪影響をもたらします。
　以下は，人事・労務に関する法令遵守の状況を確認するための監査プログラムの例です。

1-1.　法令遵守　Compliance

1-1-1	（規則） 就業規則あるいはそれに相当する規則が定められているかを現地の人事マネジャーに尋ねなさい。

	(Rules) Ask the local manager in charge of human resource（the HR manager）whether there are work rules or equivalent in place.
1-1-2	(問題解決の体制) 人事関連の問題（ハラスメント，労働争議，解雇など）を解決するための体制・手順は整備されているかを現地の人事マネジャーに尋ねなさい。 (System for fIXing problems) Ask the local HR manager whether the subsidiary company has a team and procedures for resolving human-related problems（harassments, strikes, dismissal, etc.）.
1-1-3	(専門家) 組織図を査閲し，労働法など現地規制に精通した専門マネジャーまたはチームが会社に存在することを確認しなさい。そのようなスタッフまたはチームが存在しない場合は，子会社が法律事務所などの外部の専門家と顧問契約を結んでいることを確認しなさい。 (Professionals) Review the organizational chart to verify that the company has a specialized manager or team who is familiar with local regulations, such as labor laws. If there is no manager or team, ensure that the company has a retainer contract with outside expert such as a law firm, etc.
1-1-4	(労働組合) 労働組合が組織されているかどうか人事マネジャーに尋ねなさい。また，過去にストライキが発生したかどうか，尋ねなさい。 (Labor Union) Ask the HR manager if the company's employees are unionized and if the labor union has ever gone on strike.

1-2. 不正防止　Fraud Prevention

1-2-1	(職務分掌による不正防止) 職務記述書と組織図をレビューし，給与計算の担当と会計入力の担当とが分かれていることを確認しなさい。

	(Fraud Prevention through Segregation of Duties) Review job descriptions and an organizational chart to ensure that duties between payroll computations and accounting data input are segregated.
1-2-2	(ジョブ・ローテーションによる不正防止) ジョブ・ローテーションの導入の可否について現地CEOと協議しなさい。 （注）「ジョブ・ローテーション」は，海外の企業では導入が難しい場合があります。従業員が現在の職務に満足している場合，ジョブ・ローテーションに抵抗するかもしれないからです。また，経営陣も従業員を別の職務にローテーションすることに消極的になる場合があります。なぜならば，ジョブ・ローテーションによって従業員が新しい職務に慣れるまで生産性と効率が一時的に低下するためです。ジョブ・ローテーションはすべての職種で実行可能というわけではありません。特に，高度な専門スキルや何年ものトレーニングを必要とする職種では実現が難しいです。しかし，ジョブ・ローテーションにより，不規則なことや疑わしい活動に気付く可能性が高まります。従業員が新しい職務に異動すると，前の従業員が隠していた異常なパターンや慣行に気付く場合があるためです。 (Fraud Prevention by Job Rotation) Discuss with the local CEO whether or not to introduce a job rotation. （Note）　Job Rotation can be challenging to implement in overseas companies, because some employees may be resistant to rotating jobs, if they are comfortable in their current roles. Also, management may be reluctant to rotate employees to different jobs, because the job rotation temporarily reduces productivity and efficiency until employees become accustomed to their new jobs. The job rotation is not feasible in all jobs, particularly those requiring highly specialized skills or years of training. However, the job rotation can increase the chances of noticing irregularities or suspicious activities. When employees move to new roles, they may spot unusual patterns or practices that the previous employee concealed.

■本節に関連する監査報告書の例

　海外子会社の現地経営者は，不都合な問題点があると，海外子会社内で穏便に処理したいと考えます。しかし，仮に現地従業員がグループ全体をカバーしている内部通報システムを使って問題を告発してしまうと，親会社に問題が知れ渡ることとなり，現地経営者にとってマイナスとなります。これを懸念する

現地経営者は，グループ全体で使う内部通報システムを積極的に現地従業員に宣伝しようとは思わないかもしれません。

　以下は，内部通報システムの周知に関する問題点を指摘した報告書の文例です。

Whistleblowing contact information should be posted on the bulletin board or web:

Fact —
During our audit, we were informed that the company is using the global whistleblowing mechanism set up by its parent company. We checked to see how the company notifies its employees of whom the whistleblowers should contact, but we were unable to find any such information in the office and factory.

Risk —
Without a safe whistleblowing mechanism, employees may feel the company does not value transparency or ethical behavior, and the employees may resort to external channels（like media or regulators）to report issues, which can be more damaging to the company.

Recommendation —
We recommend that the management takes the following measures to ensure that all employees are aware of the whistleblowing mechanism:
　・Post the whistleblowing contact information on bulletin boards
　・Post the whistleblowing contact information on the company website.

Management Comments（Response to the Recommendation）—
I agree. We will take the measures immediately.
（Mr. xxxx, local CEO）

（参考訳）
内部通報システムの周知徹底について

背 景 —
会社は，親会社と同じ内部告発の仕組みを利用しているとのこと。内部告発者がコンタクトすべき連絡先を会社は従業員にどのように通知しているかを確認しましたが，オフィスや工場内にその情報を見つけることはできませんでした。

第Ⅴ章　人材管理　　*83*

リスク ―
安全な内部通報システムがないと，従業員は，会社が透明性や倫理的行動を重視していないと感じ，外部チャネル（メディアや規制当局など）に問題を通報する可能性があります。それにより，会社の損害がさらに深刻になるおそれがあります。

改善提案 ―
内部通報システムを全従業員に周知するため，経営陣は以下の措置を取るべきです。
　　・掲示板に内部通報の連絡先を掲載する
　　・会社のウェブに内部通報の連絡先を掲載する

マネジメント・コメント（改善提案に対する現地経営者の回答）―
同意します。すぐに対策を講じます。
（現地CEO xxx氏）

2.　人材管理　Human Resource Management

　人材管理の中核は，良い人材を採用し，能力開発することによって，生産性を高めることです。また，従業員を動機付けし，組織への忠誠心や倫理意識を高め，優秀な人材を長く確保することも人事管理上の重要なタスクです。時には低パフォーマンスの従業員を解雇することも必要となります。以下は，採用から解雇・退職までの人事サイクルにおいて管理状況を確かめるための監査プログラムの例です。

2-1.　採用/雇用　Recruitment/ Employment

2-1-1	（人員計画） 現在および将来の労働力ニーズを分析していることを確かめるため，分析文書を査閲しなさい。 （Workforce Planning） Review documents analyzing current and future workforce needs.

2-1-2	**（職務記述書）** 主要な職務について，職務記述書が準備されていることを確認しなさい。 **（Job Description）** Ensure that job descriptions are created for key duties.
2-1-3	**（人員募集）** 職務の一部に人員が配置されていない場合，会社は採用活動を行っているかどうかを現地の人事マネジャーに質問しなさい。採用活動の例は次のとおりです。 ・求人掲示板，ウェブサイト，ソーシャルメディアなどのプラットフォームに求人情報を掲載すること ・従業員の紹介，人材紹介会社，大学募集などのソーシング方法を使用すること **（Recruitment）** If some positions are unstaffed, ask the local HR manager if the company is recruiting. Examples of recruitment activities include: ・Posting job openings on platforms including job boards, website, social media, etc. ・Using sourcing methods including employee referrals, recruitment agencies, college recruitment, etc.
2-1-4	**（書類選考・テスト・面接）** 人材選別の手順を現地の人事マネジャーに尋ねなさい。選別活動の例は，次のとおりです。 ・職務要件に適する候補者を特定するための履歴書のレビューおよび適格性と適合性を評価するための簡単な通話あるいはWeb面談 ・スキルテストや性格評価などの実施 ・候補者を詳細に評価するための面接 ・経歴調査。推薦者に連絡して候補者情報を再確認すること ・候補者情報の評価と最終候補者の選定 **（Screening/Testing/Interviewing）** Ask the local HR manager what steps have been established for selecting personnel. Examples of the selections include: ・Reviewing resumes to identify candidates who fit the job requirements, and conducting brief calls or web interviews to assess

	qualifications and suitability. · Conducting skill tests and/or personality assessments, etc. · In-person interviews to evaluate candidates in-depth. · Background checks by contacting references and verifying candidate info. · Evaluating all candidate information and selecting final candidate.
2-1-5	（雇用契約の標準書式） 弁護士によってレビューされた雇用契約の標準書式が準備されているかどうかを確かめなさい。 （Standard Form for Employment Contract） Ensure that the company has standard forms for employment contacts which have been reviewed by lawyers.
2-1-6	（秘密保持条項） 雇用契約書の標準書式をレビューし，雇用中および退職後の秘密保持に関する条項が書式に含まれていることを確認しなさい。 （Confidentiality Clauses） Review the standard forms for the employment contracts and ensure that they contain clauses regarding confidentiality during and after employment.
2-1-7	（禁止条項） 雇用契約の標準書式をレビューし，競業的な仕事や不正行為を禁止する条項が含まれていることを確認しなさい。 （Prohibition Clauses） Review the standard forms for the employment contracts and ensure that they contain clauses prohibiting competitive work and malpractice.
2-1-8	（雇用契約） 従業員名簿から従業員を5名選択し，それらの従業員と雇用契約が締結されているかどうかを確かめなさい。 （Employment Contracts） Select 5 employees from the employee register, and verify that the company has employment contacts with these employees.

2-2. 給与計算　Payroll

2-2-1	**（コンピュータ給与計算システム）** コンピュータ給与計算システムが導入され，使用されていることを確認しなさい。 **（Computerized Payroll System）** Ensure that a computerized payroll system is installed and in use.
2-2-2	**（適時改定）** 月給や時給が更新された後，給与や賃金が給与システム上で直ちに改定されているかどうかを現地の給与計算マネジャーに尋ねなさい。 **（Timely Revision）** Ask the local payroll manager if salaries and wages are revised in the payroll system in a timely manner immediately after employment contracts are renewed.
2-2-3	**（賃金計算）** 従業員名簿から無作為に5人の時間給労働者を選択し，勤務記録と雇用契約書の時給情報を使用して賃金を計算し，計算結果が給与計算システムの賃金記録と一致していることを確認しなさい。さらに，残業代が現地の規制に準拠していることを確認しなさい。 **（Wage Calculation）** Select haphazardly 5 hourly workers from the employee register; calculate their wages using the hourly wages in the employment contracts and time records; and verify that the calculations match the wage records in the payroll system.　In addition, verify that overtime payments complies with local regulations.
2-2-4	**（給与計算）** 従業員名簿から無作為に5人の月給従業員を選択し，雇用契約書上の給与額が給与計算システムの給与記録と一致していることを確認しなさい。 **（Salary Calculation）** Select haphazardously 5 salary employees from the employee register; review their salaries in the employment contracts; and verify that their salaries match the salary records in the payroll system.

2-2-5	（現地CEOの報酬） 親会社が現地CEOの報酬を承認したことを証明する書類を入手し，書類上の報酬が実際の支払いと一致していることを確認しなさい。 （Remuneration for local CEO） Obtain a document proving that the parent company approved the local CEO's remuneration, and verify that the remuneration on the document matches the actual payment.

2-3. 業績評価　Performance Evaluation

2-3-1	（現地CEOのKPI） 親会社が現地CEOの業績を評価するためにどのようなKPIを設定しているかを現地CEOに尋ねなさい。 （Local CEO's KPIs） Ask the local CEO what KPIs the parent company has set to evaluate his performance.
2-3-2	（KPI の整合性） 現地CEOのKPIが会社のKPIと一致していることを確認しなさい。 （Alignment of KPIs） Ensure that the local CEO's KPIs are aligned with the company's KPIs.
2-3-3	（業績評価） 業績評価が1年に1度実施されていることを確認しなさい。 （Performance Evaluation） Ensure that performance evaluation is carried out once a year.
2-3-4	（業績評価に関するルール） 会社の業績評価に関するルールを従業員にどのように配布しているかを現地CEOに尋ねなさい。 （Rules on Performance Evaluation） Ask the local CEO how the company's rules on performance evaluation are distributed to employees.

2-3-5	（従業員の人事評価） 従業員名簿から無作為に5名の従業員を選択し，その従業員に対する人事評価が実施されたことを確認しなさい。さらに，これらの従業員に対し，評価がフィードバックされたかどうかを尋ねなさい。 （Annual Evaluations for Employees） Select 5 employees on a haphazard basis and verify that the company has conducted annual evaluation for these employee. In addition, ask these employees if they received the evaluation feedback.

2-4. インセンティブおよび賞与　Incentives and Bonuses

2-4-1	（現地CEOへのインセンティブ） 現地CEOへのインセンティブをレビューし，インセンティブがCEOのKPI達成度に基づいて決定される方法になっているかどうかを判断しなさい。 （Incentives for Local CEO） Review incentives for the local CEO and determine whether incentives are based on the CEO's KPI achievement.
2-4-2	（クローバック条項・マルス条項） 子会社の財務諸表の重大な虚偽記載や役員の不正行為が後日発覚するリスクを軽減するための対策として，現地役員に対してクローバックやマルスが設定されているかどうかを現地CEOに尋ねなさい。 　（注1）「クローバック」とは，不正行為，詐欺，業績基準の不達成などの特定の状況に応じて，企業がすでに支払った金銭または給付金を回収することを許可する契約条項です。 　（注2）「マルス」とは，まだ権利が確定していない業績連動報酬を企業が減額または取り消すことを許可する規定を指します。このメカニズムは，通常，繰り延べボーナスまたは長期インセンティブ・プランに適用され，報酬が従業員，特に役員の長期的な業績と倫理的な行動と一致するように設計されます。 （Clawback/Malus） Ask the local CEO if Clawback and/or Malus are established for the local executives as a measure to mitigate risks that material misstatements of the subsidiary company's financial statements or misconducts of the executives are later found.

第Ⅴ章　人材管理　89

	(Note 1)　A "Clawback" is a contractual provision that allows a company to reclaim money or benefits that have already been paid out, often in response to specific circumstances such as misconduct, fraud, or failure to meet performance standards. (Note 2)　A "Malus" refers to a provision that allows a company to reduce or cancel performance-related compensation that has not yet vested. This mechanism is typically applied to deferred bonuses or long-term incentive plans and is designed to ensure that remuneration aligns with the long-term performance and ethical conduct of employees, particularly executives.
2-4-3	**（幹部・従業員への業績賞与）** 現地幹部・従業員への業績賞与をレビューし，賞与が子会社や個人の業績達成度に基づいて決定される方法になっているかどうかを判断しなさい。 **(Performance Bonuses for Local Managers/Employees)** Review bonus systems for the local managers/employees and determine whether bonuses are based on the subsidiary's performance and individual performance.

2-5.　福利厚生/役員特権　Benefits/Welfare/Perks

2-5-1	**（福利厚生）** 記録をレビューして，法定福利厚生（有給休暇を含む）が従業員に提供されていることを確認しなさい。 **(Fringe Benefits)** Review records to ensure that statutory fringe benefits (incl. compensated absences) are provided to employees.
2-5-2	**（その他の福利厚生）** 管理職や従業員向けに，法定福利厚生以外にどのような福利厚生プログラムを用意しているかを現地の人事マネジャーに尋ね，そのプログラムをレビューしなさい。 **(Other Benefit/Welfare)** Ask the local HR manager what other benefits/welfare programs the company offers for managers and employees beyond the statutory

	benefits, and review the programs.
2-5-3	(役員特権) 現地役員にどのような特権（社有車やゴルフ会員権の貸与など）が認められているかを現地CEOに尋ね，その特権が承認されていることを証する文書を閲覧しなさい。 (Perks for Local Executives) Ask the local CEO what perks are granted to local executives (e.g. company cars or golf memberships), and review documents proving those perks have been approved.
2-5-4	(従業員満足度調査・ストレスチェック) 従業員満足度調査やストレスチェックを実施しているかどうかを現地の人事マネジャーに尋ねなさい。また，調査やチェックで見つかった問題点を尋ねなさい。 (Employee Satisfaction Survey/Stress Checks) Ask the local HR manager if they conduct employee satisfaction survey or stress checks. Also, ask him/her about issues that were found during the survey or checks.
2-5-5	(カウンセリング) 必要とする従業員に対してカウンセリングを実施しているかどうかを現地の人事マネジャーに尋ねなさい。 (Counselling) Ask the local HR manager if they offer counselling to employees who need it.

2-6. 教育/訓練　Education and Training

2-6-1	(プログラム) 幹部・従業員に対する教育・訓練プログラムがあるかを現地の人事マネジャーに尋ねなさい。 (Programs) Ask the local HR manager if they have education and training programs for managers/employees in place.

第Ⅴ章　人材管理　　*91*

2-6-2	（研修） 1年間に提供された研修履歴をレビューし，倫理教育，技術スキルなど，必須研修が提供されたことを確認しなさい。 （Lessons） Review the lesson history provided during the year to ensure that essential lessons, such as ethics training, technical skills, etc., were provided.

2-7.　昇進/降格　　Promotion/ Demotion

2-7-1	（昇進・降格の決定方法） 従業員の昇進または降格の決定方法を現地の人事マネジャーに尋ねなさい。 （How to determine Promotion/Demotion） Ask the local HR manager how decisions are made to promote or demote employees.
2-7-2	（降格通知書） 降格は法的問題を引き起こす可能性があります。従業員への降格通知書が弁護士によってレビューされているかどうか，現地の人事マネジャーに尋ねなさい。 （Demotion Letter） Demotion can cause legal problems.　Ask the local HR manager if demotion letters to employees are reviewed by attorneys.
2-7-3	（役員任命） 新しい役員が任命された場合，親会社が事前にその選任を承認したことを証明できる文書（総会議事録など）をチェックしなさい。 （Appointment of Executives） If new executives are appointed, check for documentation that proves the parent company approved their appointment in advance, such as a minute of shareholder's meeting.

2-8. 解雇/退職　Dismissal/ Retirement

2-8-1	**(解雇に関する規則/手続)** 弁護士などの専門家によって審査された解雇に関する社内規則や手続があるかどうかを現地の人事マネジャーに尋ねなさい。 **(Rules/ Procedures for Dismissal)** Ask the local HR manager if there are company rules and procedures regarding dismissal that have been reviewed by legal experts.
2-8-2	**(退職チェックリスト)** 退職プロセス用のチェックリスト書式があることを確認しなさい。チェックリストには，次のTo Doが含まれていなければなりません。 　ⅰ）　解雇に必要なすべての文書が揃い，提出されていることを確認する。 　ⅱ）　オフィスの鍵や車の鍵，ID カード，ラップトップ，電話など，会社所有のすべてのアイテムを従業員から回収する。 　ⅲ）　会社のシステム，電子メール，施設へのアクセスを取り消す。 　ⅳ）　継続中の機密保持契約や競業禁止条項を従業員に再認識させる。 　ⅴ）　必要な退職書類に署名してもらう。 　ⅵ）　重要な情報と進行中の作業が適切に引き継がれるようにする。 　ⅶ）　フィードバックを得るために退職面接を実施する。 **(Exit Checklist)** Verify that the company has a checklist form for exit processes. The checklist should include the following To-Dos: ・Check that all required documentation for the dismissal is complete and filed. ・Collect all company-owned items from the employees, such as office keys/car keys, ID badges, laptops, phones. ・Revoke access to company systems, email and facilities. ・Remind the employee of any ongoing confidentiality agreement or non-compete clauses. ・Have the employee sign necessary exit paperwork. ・Ensure critical information and ongoing work are properly handed over. ・Conduct an exit interview to gather feedback.
2-8-3	**(退職プロセス)**

第Ⅴ章　人材管理　93

退職した従業員5名をジャッジメンタルにサンプリングし，退職に必要な
すべての手順が完了したことを確認しなさい。

(Exit Process)
Select judgmentally 5 employees who left the subsidiary company, and
ensure that all steps required for the exit are completed.

2-8-4	(離職率の分析) 会社の離職率が地域の平均離職率より高い場合は，現地の人事マネジャーに次の質問をしなさい。 　・離職率が高い理由 　・改善策（人事コンサルタントへの相談，人事方針の精査，従業員カウンセリングの導入などがとられているかどうか） (Turnover Analysis) If the company's labor turnover rate is higher than the regional average, ask the following questions to the local HR manager: 　・Why the turnover is high. 　・Whether any remedial actions have been taken (e.g. consulting a human resource consultants, scrutiny of its human resource policies, introducing employee counseling, etc.).

2-9.　その他　Other

2-9-1	(現地の日本人コミュニティ) 日本人会や日本人商工会など，現地に日本人の組織があるかどうかを，現地に出向した日本人スタッフに尋ねなさい。 (Japanese Community in the Region) Ask the seconded Japanese staff if there are any Japanese-related organizations in the country/region, such as Japanese Association, Japanese Chamber of Commerce, etc.
2-9-2	(日本人出向者とその家族の安全) 出向者やその家族が現地の治安や政治情勢について不安を抱いていないかどうかを，現地に出向した日本人スタッフに尋ねなさい。 (Safety for seconded Japanese staff and their families)

	Ask the seconded Japanese staff if they have concerns about the local security or political situation.
2-9-3	（脱出経路） 戦争や政変など緊急時の脱出経路（日本大使館，空港・港など）を把握しているか，出向している日本人スタッフに尋ねなさい。 (Escate Routes) Ask the Japanese staff on assignment if they know their escape routes （to Japanese embassy, airports, ports, etc.）in the event of war, political upheaval, or other emergency.

■本節に関連する監査報告書の例

　以下は，現地人経営陣に対するインセンティブの設定方法に関する問題点を指摘した報告書の文例です。

Long-term incentives should be set for executive officers:

Fact —
The company has been conducting sales activities targeting the xyz industry, which has a business cycle of 5 years in principle.　Therefore, the company's activities will be reflected as business results in its financial statements 5 years later.　For example, if the company performs well this fiscal year, it is mainly due to the contribution of sales activities 5 years ago.　Despite the fact that the executive officers' efforts do not immediately pay off, the officers' incentive bonuses are determined based solely on the P/L of "single" fiscal year.

Risk —
Current incentives for the officers are not working because their evaluation periods do not align with the company's actual business cycle.

Recommendation —
We recommend that the company negotiates with their parent company to offer long-term incentives to their executive officers.　These long-term incentives should be contingent on the achievement of the company's long-term goals.

第Ⅴ章　人材管理　95

When establishing new incentives, Clawback or Malus policies should be implemented as a measure to mitigate risks of material misstatements in the company's financial statements or misconducts by the officers being found later.

Management Comments（*Response to the Recommendation*）—
I agree. We will discuss with the parent company to offer long-term incentives to our officers.
（Mr. xxxx, local CEO）

（参考訳）
長期インセンティブの設定について

背　景 —
会社は，原則として5年周期の事業サイクルを持つxyz業界をターゲットに営業活動を展開しています。そのため，会社の活動は5年後の決算書に業績として表れることになります。たとえば，今期の業績が好調であれば，それは主に5年前の営業活動が寄与したためです。役員の努力がすぐに実を結ぶわけではないにもかかわらず，役員のインセンティブボーナスは「単年度」の損益のみに基づいて決定されています。

リスク —
役員の評価期間が会社の実際のビジネスサイクルと一致していないため，役員に対する現在のインセンティブは機能していません。

改善提案 —
会社は，役員に長期インセンティブを与えるため，親会社と交渉すべきです。この長期インセンティブは，会社の長期目標の達成度合いに応じて決定されなければなりません。

新しいインセンティブを設定する際には，会社の財務諸表の重大な虚偽記載や役員の不正行為が後で発覚するリスクを低減する対策として，クローバックまたはマルス・ポリシーを導入すべきです。

マネジメント・コメント（改善提案に対する現地経営者の回答）—
同意します。役員に対して長期インセンティブを提供できるよう親会社と協議します。
（現地CEO xxx氏）

販売および売上債権管理
Sales and A/R Management

　販売子会社は顧客からの要求・クレームなど幅広く対応しなければなりませんので、その業務は多岐に渡ります。本章では、不備が大きな影響をもたらすと考えられる営業管理分野の監査プログラムを紹介しています。

1. 営業における職務分掌
Segregation of Duties in Sales Operation

　子会社の営業部門および営業担当者は、常に上層部からのプレッシャーにさらされています。予算達成に苦しむ営業担当者がなんとか売上を上積みできないかと奔走することはよくあることです。万策尽きた営業担当者が仮に社内手続の隙を知っていたら、やむにやまれず売上金額を誤魔化してしまうかもしれません。たとえば、営業担当者自身がシステム上の販売価格を勝手に変更して、売上を水増しするなどです。一度、不正を犯して上手くいくと、その後はそれに頼るようになります。粉飾が累積すると取り繕うことができなくなりますので、ある日突然、大きな問題として露見します。
　さまざまな業務が複数の者によって行われ、自分の誤魔化しが誰かに見つかるかもしれないという心理的な抑制が働く体制になっていれば、粉飾しようという動機そのものが働きません。しかし、職務分掌は相応の人員や体制を必要としますので、コストを重視する企業では整備を怠りがちです。

1-1. 職務分掌　Segregation of Duties

1-1-1	**（契約および登録）** 営業部門の組織図および職務記述書を入手し，次の職務について，担当者と承認者とが分かれていることを確認しなさい。 　・顧客との契約締結（取引条件の契約や更新） 　・マスターファイルへの登録（支払条件や販売単価などの登録・変更） **(Contract and Registration)** Obtain an organizational chart of sales team and job description and review them to ensure that there is a clear segregation of duties in the following operations between the in-charge person and the approver: 　・Sales contracts（setting and revision of terms and conditions of the contract） 　・Registration in the master file（registration and modification of payment terms, unit sale price, etc.）
1-1-2	**（請求およびクレジットノート）** 営業管理チームの組織図および職務記述書を入手し，次の職務について，担当者，承認者および会計担当者が分かれていることを確認しなさい。 　・請求書の発行 　・クレジットノートの発行 **(Invoices and Credit Notes)** Obtain an organizational chart of sales management team and job description, and review them to ensure that there is a clear segregation of duties in the following operations between the in-charge person, the approver and the accountant: 　・Issuing invoices 　・Issuing credit notes
1-1-3	**（債権回収）** 売上債権の回収について，次のルールが明文化されていることを確認しなさい。 　・営業担当者が自身で売上代金（現金・小切手など）を回収してはならない 　・売上代金を回収する者が自身で売上債権システムに入力してはならない（代金回収と売上値引きを同一人物が入力できると横領が可能となる）

第Ⅵ章　販売および売上債権管理　*99*

（注）　不正行為（営業担当者による横領）を防ぐため，現金回収と売上債権の入力/消込は営業部門から分離すべきです。

（Receivable Collection）

In respect of cash receipts for accounts receivable （A/Rs）, verify that the following rules are established in the company:

　・Sales people are not allowed to receive cash or checks
　・Persons who receive cash are not allowed to be the persons who input the cash collection into the A/Rs system
　（Note）　Cash collection and input/application of A/Rs should be separated from the sales team in order to prevent fraud （i.e. embezzlement by sales persons）.

■本節に関連する監査報告書の例

監査役が子会社を往査し，「重要な問題はなかった」と報告した後に，その子会社で不正が露見することがあります。せめて職務分掌の不備について問題を指摘していれば，「監査役として注意義務を果たした」と主張することもできるでしょうが，それすらチェックしていなかったとしたら，監査役にも責任があると言われかねません。

下記は，職務分掌の不備を指摘した報告書の文例です。

Rights to modify data in the master file
　should be restricted to authorized persons:

Fact —
All staff in the Sales Department are granted rights to modify data in the master file without authorization.

Risk —
The sales staff can change sale prices in the master file without the local COO's approvals or customer acceptance. They may falsify the sales amounts.

Suggestion —
We suggest that the company restricts the rights to modify data in the master file to authorized persons.

Management Comments（*Response to the Recommendation*）—
I agree with your recommendation. We will review the rights for the master file and grant the modification rights only to the sales management team members who are independent of the sales team.
（Mr. xxxx, local CEO）

（参考訳）
マスターファイルにおけるデータ改竄のリスクについて

背 景 —
営業部門の全スタッフには，マスターファイルのデータを許可なく変更できる権限が付与されています。

リスク —
営業担当者は，現地COOの承認や顧客の承諾なく，マスターファイル内の販売価格を変更できるため，売上金額を改竄できる余地があります。

改善提案 —
マスターファイルのデータを変更する権限は，指定された者に制限すべきです。

マネジメント・コメント（改善提案に対する現地経営者の回答） —
改善提案に同意します。マスターファイルの権限を再確認し，変更権限を営業部門とは独立した営業管理チームの担当者にのみに付与することとします。
（現地CEO xxx氏）

2. 販売管理　Sales Management

　悪質な会社や財政的に不安定な会社とは取引すべきではありません。また，相手が優良企業であったとしても，油断禁物です。なぜなら，相手がパワーバランス上，優位な場合，フェアに取引できるとは限らないからです。しかし，相手が大口取引先となりそうな会社であれば，少々難があっても取引したいと思うのは営業マンの性です。そこで，取引を始める前に相手をしっかり調べること，社内で協議し承認プロセスを経ること，そして，しっかり契約を結ぶことがリスク管理上，重要となります。

第Ⅵ章　販売および売上債権管理　*101*

　本節では，そのような販売管理に関する監査プログラムの例を紹介しています。

2-1.　マーケティング/営業活動　Marketing/Sales Activities

2-1-1	**（戦略）** マーケティング・営業活動の戦略を閲覧し，市場調査に基づいて戦略策定されていることを確認しなさい。 **（Strategies）** Review a marketing/sales strategy to confirm that the strategy was based on market research.
2-1-2	**（活動計画）** 本年度は，どんなマーケティング活動（デモなど）を実施する予定なのか，現地の営業責任者に聴取しなさい。 **（Action Plan）** Ask the local sales manager what marketing activities（incl. demonstration）they plan to complete this fiscal year.
2-1-3	**（評価・承認）** 営業活動が費用対効果の観点からどのように評価・承認されたのか，現地の営業責任者に質問しなさい。 **（Assessment and Approval）** Ask the local sales manager how they evaluated and approved their marketing activities from a cost-benefit perspective.

2-2.　信用管理　Credit Control

2-2-1	**（信用調査）** 信用調査を行ったことを確かめるため，新規顧客の信用情報（財務情報や信用調査機関の信用情報など）を提出するよう要請しなさい。 **（Credit Research）** Request credit information for new customers（e.g. financial info, info

	from credit watching companies, etc.) to ensure that credit checks were completed.
2-2-2	（与信設定） 信用情報に基づき，与信額が設定され，責任者によって承認されていることを確かめるため，承認の確証を閲覧しなさい。 （Credit Setting） Review evidences that credit limits have been determined based on the credit information and approved by the authorized officer.
2-2-3	（与信超過） 与信額を超える受注については，責任者によって承認されていることを確かめるため，承認の確証を閲覧しなさい。 （Excess Creidt） Review evidences that sales orders in excess of the credit limits have been approved by the authorized officer.
2-2-4	（与信の更新） 与信額が定期的に見直されているかどうか，現地の営業責任者に質問しなさい。 （Credit Update） Ask the local sales manager whether the credit limits are reviewed on a regular basis.

2-3. 契約　Contract

2-3-1	（標準書式） 販売契約に関する標準書式があることを確認しなさい。また，その書式は，顧問弁護士など法律の専門家によってレビューされたかどうかを現地の営業責任者に尋ねなさい。 （Standard Formats） Ensure that there are standard formats for sale contracts in place. Ask the local sales manager if the formats have been reviewed by legal experts such as attorney.

第Ⅵ章　販売および売上債権管理　*103*

2-3-2	**（標準条項の変更）** 標準条項を変更して契約する特別な販売取引については，変更内容が法務専門家によってレビューされ，権限のある者によって承認されていることを社内の承認手続文書で確かめなさい。<hr>**（Changes from Standard Clauses）** In cases where standard contracts are revised for special transactions, review the internal documents to ensure that the revised formats have been reviewed by legal experts and approved by the authorized officer.
2-3-3	**（当初契約からの変更）** 販売価格や支払期日などの契約条件が当初の契約から変更された場合，権限のある担当者がその変更を承認したことを社内の承認手続文書で確かめなさい。<hr>**（Changes from Original Contract）** If selling prices and/or terms & conditions, such as payment terms, are revised from the original contracts, review the internal documents to ensure that the authorized officer has approved the revision.
2-3-4	**（販売代理店）** 販売代理店が子会社の販売支援を行う場合，親会社などの所定の同意が得られていることを文書で確かめなさい。<hr>**（Sales Agents）** When sales agents are supporting sales activities of the subsidiary, review the documents to ensure that official consensus have been obtained from the parent company, etc.

2-4.　製品出荷　Product Delivery

2-4-1	**（製品受領証）** 製品の出荷一覧から独自判断で10件選択し，顧客または第三者が署名した製品受領証と突合しなさい。<hr>**（Receipts of Goods）** Select judgmentally 10 shipments from the list of product delivery and

104

	trace them to receipts of goods signed by the customers or third parties.
2-4-2	**（納品遅延）** 製品の納品が遅れる場合，どのような対応をとっているのか営業責任者に尋ね，対応の不備がある場合，その不備について営業責任者と議論しなさい。 **（Delay in Delivery）** If the product delivery is delayed, ask the sales manager how to deal with the delay. If there is a problem with the way the delay is handled, discuss the problem with the sales manager.

2-5. 顧客情報管理　Customer Information Management

2-5-1	**（アクセス権）** 顧客情報システムへのアクセスは，許可された担当者だけに制限されていることを確かめるため，アクセス権限リストを査閲しなさい。 **（Right of Access）** Review the access list to ensure that those who have access rights to the customer information system are restricted.
2-5-2	**（重要文書の保管）** 機密文書や重要文書をどこに保管しているか，現地の営業責任者に尋ねなさい。また，漏洩をどのように防止しているのか尋ねなさい。 **（Storage of Important Documents）** Ask the local sales manager where they store confidential and important documents and how they prevent the confidential information from being leaked.

■本節に関連する監査報告書の例

　新規顧客と取引を開始する場合は要注意です。相手が歴史の浅い会社であれば，現地子会社の経営者の親族が設立し，営んでいる会社かもしれません。また，相手が自社製品と縁のない会社であれば，循環取引の不正が疑われます。

　下記は，信用調査の不備を指摘した報告書の文例です。

第VI章　販売および売上債権管理　　*105*

The sales department should comply with
the internal rule on the credit line update:

Fact —
An existing customer, XYZ Co., Ltd. ("XYZ"), went bankrupt. This incident caused your company to record a loss of $500,000 in write-offs of accounts receivable from XYZ.

According to the company's internal rule regarding sales management, credit lines must be updated annually using customers' financial information or information from a third-party credit monitoring company.

Based on our review of the credit line for XYZ, we found that the sales department had been increasing the credit line year after year without any supporting information about XYZ's financial condition.

Problem —
There is a material operational deficiencies in the credit line update process.

Recommendation —
We recommend that the sales department complies with the company's internal rule regarding the credit update.

Management Comments (*Response to the Recommendation*) —
I agree with your recommendation. We will check our internal rules again and update the credit limits.
(Mr. xxxx, local sales officer)

(参考訳)
信用枠更新について

背　景 —
既存顧客であるXYZ株式会社が倒産しました。この事件により，当社はXYZ社に対する売掛金の償却で500千ドルの損失を計上しました。

当社の販売管理に関する社内規則によれば，顧客の財務情報または第三者の信用調査会社からの情報を使って，信用枠を毎年更新することになっています。

XYZ社の信用枠を査閲したところ，営業部門はXYZ社の財務状況に関する裏付け情報なしに，毎年信用枠を増やしていました。

リスク ―
信用枠更新プロセスに重大な運用上の欠陥があります。

改善提案 ―
営業部門は，クレジット更新に関する社内ルールに従うべきです。

マネジメント・コメント（改善提案に対する現地経営者の回答）―
あなたの提案に同意します。社内規則を再度確認し，与信限度額の更新プロセスに従います。
（現地CEO xxx氏）

3. 売上債権管理　Accounts Receivable Management

　営業部門は顧客から注文を獲得することに多くの労力を注ぎます。注文を獲得した後，製品を配送し，顧客の検収が終われば，売上が計上されますので，その後のフェーズは無関心になりがちです。しかし，海外には，契約で取り決めた支払条件を無視して，代金の支払いを遅らせるような顧客もいるため油断禁物です。代金回収が遅れれば，会社の資金繰りが悪化し，借入金が増えますが，借入金が増えても通常営業部門の責任とはされませんから，代金回収状況に頓着しない営業担当者もいます。あるいは，顧客との関係がこじれることをおそれ，支払いの督促を躊躇する者もいます。

　最悪のケースは，顧客が破産し，販売代金が回収できなくなること（貸倒れ）です。しかし，貸倒れが"突然"発生することは稀で，多くの場合，顧客の支払いが少しずつ遅れる予兆があります。そのため，海外子会社において，売上債権の回収状況をモニターする仕組みが整備されているのかどうか，そしてそれが適切に運営されているかどうかを調べることは重要な監査ポイントです。

　特に，債権回転期間が慢性的に長い海外子会社は要注意です。現地経営者が

第Ⅵ章　販売および売上債権管理　*107*

代金回収の遅れについて，厳しい監視・監督を行っていないおそれがあります。そのような子会社では，財務部門が回収遅延情報を提供しても適切なフォローがなされないため，財務部門は遅延情報を真面目に作成することに徒労感を感じているかもしれません。支払いの督促を怠る子会社であれば，顧客から甘くみられているかもしれません。親会社の監査役だからこそ，現地従業員が声に出せないようなことも調べるべきです。たとえば，「回収遅延のフォローについて，営業担当者任せになっており，経営者による監視・監督がなされていない」とか，「顧客とのパワーバランスの関係から，営業担当者の力だけでは，不利な支払条件の変更交渉が難しい」とか……。

3-1.　請求書の発行　Invoicing

3-1-1	**（請求書の発行）** 売上債権台帳から無作為に売上債権を10件抽出し，それらの請求書の控えをチェックしなさい。 **（Issuance of invoices）** Select 10 accounts receivable from A/R ledger on a haphazard basis and check copies of the invoices.
3-1-2	**（請求書の書式）** 入手した請求書コピーを閲覧し，同じ様式で請求書が発行されていることを確認しなさい。 **（Invoice Formats）** Review the selected invoices to determine if a standard invoice is formatted.
3-1-3	**（支払条件の記載）** 入手した請求書コピーを閲覧し，売上債権の回収条件が請求書に記載されていることを確認しなさい。 **（Printed Payment Terms）** Review the selected invoices to verify that the customer's payment term or due date are noted thereon.
3-1-4	**（配送書類）**

入手した請求書コピーを閲覧し，それら請求書は製品配送の書類によって
裏付けられ，承認権限者によって承認されたことを確認しなさい。

（Delivery Documents）
Review the selected invoices to verify that they are supported by
product delivery documents and authorized by the responsible officer.

3-1-5	**（連番管理）** 売上債権台帳を閲覧し，請求書の発行番号が規則的に付されていることを確認しなさい。 （Sequential Number Control） Review the A/R ledger to verify that invoice numbers are assigned sequentially or systematically.
3-1-6	**（請求書の適時発行）** 入手した請求書コピーを製品配送書類と見比べ，請求書が製品配送後速やかに発行されたかどうか判断しなさい。 （Timely Issuance of Invoices） Compare the selected invoices with product delivery documents to determine if the invoices were issued in a timely manner after the product delivery.
3-1-7	**（突合せプロセス）** 請求業務のフローチャートを閲覧し，請求書が受注書，納品書，顧客受領書などと一致していることを確かめるプロセスがあることを確かめなさい。 （Matching Process） Review flowchart of invoicing operation to verify that there is a process to validate that the invoices are matched with sales orders, delivery notes and/or customer receipt acknowledgements.
3-1-8	**（請求書のキャンセル）** 請求書の破棄や再発行がどのように行われるか，現地の債権管理マネジャーに質問しなさい。また，破棄・再発行が承認権限者によって承認されていることをサンプル・チェックしなさい。 （Cancellation of Invoices）

第Ⅵ章　販売および売上債権管理　*109*

	Ask the local A/R manager how they cancel or revise invoices after the issuance. Also, verify that sampled cancellations or revisions have been approved by the authorized officers.
3-1-9	**（請求業務の分離）** 請求書の発行業務は，営業部門とは別のチーム（たとえば，財務チーム）の業務とされていることを文書によって確認しなさい。 **（Segregation of Invoicing Operations）** Review documents to verify that invoicing is the responsibility of a team separate from the sales team, such as finance team.

3-2.　現金回収管理（消し込み）

Cash Collection Management（Cash Application）

3-2-1	**（契約締結の確認）** 顧客台帳から無作為に顧客を5件選択し，契約が取り交わされていることをチェックしなさい。 **（Verification of Contracts）** Select 5 customers from the customer ledger on a haphazard basis, and verify that contracts with the selected customers are completed.
3-2-2	**（契約書上の支払条件）** 契約書をレビューし，支払条件（支払期日など）が決められていることを確認しなさい。 **（Payment Terms in Contracts）** Review the contracts to verify that the contracts contain the payment terms（due dates, etc.）.
3-2-3	**（実際の代金回収期間）** 競合他社や顧客のサプライヤーの財務情報を入手し，それらの債権回収月数を計算しなさい。その計算結果から，ベンチマークとなる月数を設定しなさい。 **（Actual Colletion Period）** Obtain the financial information of competitors and/or customers'

	suppliers; calculate A/Rs turnover on a monthly basis; and set bench marks based on the calculation.
3-2-4	（支払条件のベンチマーク分析） ベンチマークと比較し，顧客の支払条件が会社にとって不利になっていないかどうかを判断しなさい。 （Benchmark Analysis on Payment Period） Compare the payment terms with the bench marks, and conclude whether the payment terms are established as being not disadvantageous.
3-2-5	（売上債権の滞留分析） 滞留債権を識別するための売上債権年齢表は，どういう頻度で作成されているのか，現地の債権管理マネジャーに質問しなさい。また，その年齢表は，営業部門にも回覧されているかを質問しなさい。 （Age Analysis of A/Rs） Ask the local A/R manager how often they prepare "ageing reports" to identify uncollected A/Rs and whether the reports are delivered to the sales team.
3-2-6	（その他債権勘定の年齢分析） 総勘定元帳上の債権勘定を識別しなさい。回収遅延の有無をモニターするため，各債権勘定のそれぞれに，債権年齢表あるいはそれに相当するようなシステムがあることを確認しなさい。また，債権勘定の残高と債権年齢表の金額が一致していることを確認しなさい。 （Age Analysis of Other Reciebables） Identify receivable accounts on the general ledger. And, ensure that each receivable account has an age anlysis or equivalent system for monitoring whether payments are overdue. In addition, ensure that balances of the receivable accounts are consistent with the total amounts on the age analysis.
3-2-7	（未回収債権） 債権年齢表のレビューにより，6か月超未回収の売上債権を識別しなさい。また，そのような未回収債権については，顧客へのリマインダー送信，商品の配送停止など，対応が取られているかどうかを現地の営業部門に質問しなさい。

第Ⅵ章 販売および売上債権管理 *111*

	(Uncollected A/Rs) Based on the review of the age analysis, identify uncollected A/Rs for more than 6 months. And ask the local sales team whether responses to those uncollected A/Rs are taken, such as sending reminders to the customers, suspending goods deliver and etc.
3-2-8	（貸倒引当金の計上方針） 貸倒引当金の計上方針が定められているか，現地の経理責任者に質問しなさい。 (Policies for Bad-debt Allowances) Ask the local accounting manager whether they have a policy for the provision of a bad debt allowance.
3-2-9	（貸倒償却） 貸倒償却はすべて，承認権限者によって承認されているか，現地の経理責任者に質問しなさい。貸倒償却がある場合，承認の有無を確認しなさい。 (Written-off of Receivables) Ask the local accounting manager whether all written-offs are approved by the authorized officer. If there are written-offs, review the approvals thereof.

■本節に関連する監査報告書の例

　上記3-2-5において，売上債権の滞留情報（債権年齢表）を閲覧するプログラムを紹介しましたが，このプログラムだけを実施して，「債権管理は，しっかり行われている」と判断するのは危険です。現地子会社が監査役に見せた資料は，都合の良い情報だけかもしれないからです。こんな監査上のリスクがあるからこそ，プログラム3-2-6（会計帳簿と滞留情報の突合せ）も紹介しました。

　下記は，売上債権管理の不備を指摘した報告書の文例です。

All accounts receivable should be analyzed
　by age to ensure no receivables are outstanding:

Fact —

Based on our review of the general ledger, we noticed that there are 2 accounts for receivables. One is a receivable account for product sales ("product receivable") and the other is a receivable account for mould sales ("mould receivable").

Based on our interview with the Financial Manager, we found that age analysis is prepared for the product receivables by age, but the mould receivables are not analyzed. Based on our review of the mould receivables, we found that the following invoices are outstanding:

Invoice #	Customer	Amount(US$)	Due Date	Overdue
xxx-xxx-xxxxx	ABC Co., Ltd.	xxx,xxx,xxx	xxx xx, xxxx	65 days over due
xxx-xxx-xxxxx	XYZ Co., Ltd.	xxx,xxx,xxx	xxx xx, xxxx	270 days over due

Issue —
The invoices listed above are not yet to be collected. They were left uncollected. The management was unaware of this, because no age analysis on the mould receivables was carried out.

Recommendation —
We recommend that the company conducts the age analysis on the mould receivables as well as the product receivables. In addition, the company should urge the customers to pay past due receivables.

Management Comments (*Response to the Recommendation*) —
I agree with your recommendation. We will introduce the age analysis of the mould receivables and follow up on unpaid invoices.
(Mr. xxxx, local CEO)

(参考訳)
売上債権に関する未回収分析の欠落について

背 景 —
総勘定元帳を閲覧したところ，売掛金勘定が２つありました。１つは製品販売の売掛金勘定（「製品売掛金」）で，もう１つは金型販売の売掛金勘定（「金型売掛金」）です。

第Ⅵ章　販売および売上債権管理　　*113*

財務マネジャーにインタビューしたところ，製品売掛金については滞留分析が行われていますが，金型売掛金については滞留分析が行われていないことがわかりました。金型売掛金を調べたところ，以下の請求書が未払いでした。

請求書番号	顧客名	金額（US$）	支払期日	延滞日数
xxx-xxx-xxxxx	ABC Co., Ltd.	xxx,xxx,xxx	xxx xx, xxxx	65日間の延滞
xxx-xxx-xxxxx	XYZ Co., Ltd.	xxx,xxx,xxx	xxx xx, xxxx	270日間の延滞

問題点 ――
上記の請求書は，未だ現金が回収されていません。金型売掛金の滞留分析が行われていなかったため，経営陣もこの問題に気付いていませんでした。

改善提案 ――
製品売掛金だけでなく金型売掛金についても滞留分析を実施し，回収遅延の売掛金については，顧客に督促すべきです。

マネジメント・コメント（改善提案に対する現地経営者の回答） ――
改善提案に同意します。金型売掛金の滞留分析を導入し，未払い請求書のフォローアップを実施します。
（現地CEO xxx氏）

購買および仕入債務管理
Purchase and A/P Management

　製造会社において，高品質の原料を低コストで安定的に生産現場へ投入するためには，購買管理が重要となります。実務上，購買管理は大変複雑で，戦略的な実行が必要とされます。たとえば，原料の稀少性が高く，仕入先の選択肢がない場合は，パワーバランス上，仕入先の立場が強く，仕入コストが高くなる傾向となるため，購買戦略としては他の仕入先の調査や育成が必要になってくるでしょう。逆に，複数の仕入先から原料を購入できる場合は，コスト競争を促すことができますが，仕入先に無理なコスト削減を迫れば，仕入先との関係がこじれ，大切な仕入先の１つを失うリスクが生じます。

　本章では，生産子会社における購買管理および仕入債務管理に関する監査プログラムを紹介しています。

1. 調達部門の職務分掌
Segregation of Duties in Purchase Department

　資材購買部門は，サプライヤーと癒着しやすいため，不正のリスクがあると言われます。たとえば，サプライヤーからのキックバックや中抜き会社を使った利益の外部移転などが典型例です。

　このような不正は，監査で見つけることは現実的に極めて難しく，内部告発によって発覚するケースが多いです。だからといって，資材調達に対する監査が全く役に立たないということはありません。不正の隙を与えないよう，資材

購買部門の職務分掌を点検することは重要な監査手続です。

1-1. 職務分掌　Segregation of Duties

1-1-1	**(発注および受領)** 資材購買部門の組織図および職務記述書を入手し，次の職務について，担当者と承認者とが分かれていることを確認しなさい。 ・資材の発注 ・資材の受領 **(PO and Acceptance)** Obtain an organizational chart and job description of purchase team, and review them to ensure that there is a clear segregation of duties in the following operations between the in-charge person and the approver: ・Purchase orders for raw materials ・Acceptance of the raw materials
1-1-2	**(購入承認と支払い)** 組織図および職務記述書を入手し，次の職務が別々の社員に分担されていることを確認しなさい（支払いに関する横領などの不正リスクを低減するため）。 ・購入承認 ・支払承認 ・支払の実行 **(Purchase Authorization and Payment)** Obtain an organizational chart and job description, and review them to ensure that there is a clear segregation of duties in the following operations (to mitigate risks of payment-related fraud such as embezzlement): ・Approval of purchases ・Approval of disbursements ・Payment/remittance
1-1-3	**(支払業務における職務の分離)** 財務・経理チームの組織図および職務記述書を入手し，次の職務が分掌されていることを確認しなさい。 ・支払・送金・小口現金 ・仕入債務（A/P）残高の確認および仕入債務元帳残高と仕入先から回

第Ⅶ章　購買および仕入債務管理　*117*

答された残高との間の差異の調整
・仕入債務元帳残高と総勘定元帳残高との間の差異の調整
・差異調整のレビューと承認

(Segregation of Duties in Payment Operatoins)
Obtain an organizational chart and job description in finance and
accounting team, and review them to ensure that there is a segregation
of duties among the following jobs:
- Payment/remittance/cashier
- Confirmation of accounts payable ("A/P") balances and
  reconciliation of differences between the balances in the A/P ledger
  and the balances responded from the suppliers.
- Reconciliation of differences between the total balance in the A/P
  ledger and the A/P balance in the general ledger.
- Review and approval of the reconciliation.

1-1-4　（ジョブ・ローテーション）
購買業務がローテーションされているかどうか，またローテーションの頻
度はどのくらいか，現地経営者に尋ねなさい。

(Job Rotation)
Ask the local management if purchase duties are rotated and how
frequently the rotation is.

■本節に関連する監査報告書の例

　購買部門の不正防止のためには，ジョブ・ローテーションが有効です。しか
し，海外では，特に人員に余裕のない組織では，ジョブ・ローテーションを行
うことが難しく，長年，購買業務に従事している社員が多くいます。
　下記は，ジョブ・ローテーションおよびその代替策を提案した報告文例です。

Purchase jobs should be rotated
　on a regular basis:

Fact —
Based on our interview with the local CEO, their purchase jobs have never been
rotated.

Risk —

If employees have been in purchase for a long time, they may collude with suppliers to commit fraudulent activities such as:
- Pass-through schemes,
- Tender fraud/overbilling, or
- Bribery and kickbacks

Recommendation —

Job rotation makes it difficult for employees to carry out long-term fraudulent activities. When employees know they will be rotated to a different position, it becomes much harder to conceal any ongoing fraud schemes. The employee taking over the role is likely to notice irregularities or suspicious patterns that may indicate fraudulent behavior.

We recommend that the company rotates the procurement /purchase duties on a regular basis. If the rotation is difficult due to low numbers of employees, the following measures should be taken:
- Notification of whistleblowing system to all suppliers,
- Job checks during vacations of purchase staff, and/or
- Regular internal audit of purchase operations.

Management Comments (*Response to the Recommendation*) —

Due to limited manpower, job rotation is not practical in our company. We will consider fraud prevention measures, including your recommendation.
(Mr. xxx, local CEO)

(参考訳)
購買部門のジョブ・ローテーションについて

背 景 —
現地CEOへインタビューしたところ，購買業務は，一度もローテーションされていないとのこと。

リスク —
購買業務に長年従事すると，サプライヤーと共謀して以下の不正行為を行うおそれがあります。
- 中抜き

第Ⅶ章　購買および仕入債務管理　*119*

　　　・入札不正や過剰請求
　　　・賄賂やキックバック

改善提案 ―
ジョブ・ローテーションは，従業員が長期にわたって不正行為を行うことを困難にします。従業員が別のポジションに異動することを知っていると，進行中の不正スキームを隠せないと思うはずです。役割を引き継いだ従業員は，不正行為を示す不規則性や怪しげなパターンに気付く可能性が高くなります。

購買業務を定期的にローテーションすることを勧告します。従業員数の制限によりローテーションが難しい場合は，次の措置を講じる必要があります。
　　　・すべてのサプライヤーへの内部告発システムの通知
　　　・購買スタッフの休暇中のジョブ・チェック
　　　・購買業務の定期的な内部監査

マネジメント・コメント（改善提案に対する現地経営者の回答） ―
人員数が限られているため，ジョブ・ローテーションは我が社において現実的ではありません。ご提案を含めて，不正防止の対策を検討します。
（現地CEO xxx氏）

2.　購買管理　Purchase Management

　資材仕入先との関係は，製造業にとって重要です。まず，新規の仕入先と取引を開始しようとする際は，信用できる相手かどうかを事前にチェックすることが重要なポイントです。仕入先と契約した後は，受領した仕入品の数量や品質のチェックや仕入単価の厳格な管理が必要となります。

2-1.　仕入先の選定　Supplier Selection

2-1-1	（サプライヤー審査） 新規サプライヤーを審査するための基準が定められているかどうか，現地の購買マネジャーに質問しなさい。一般的に，基準は次の点を考慮して決定されます。

・購入する商品・サービスに関する専門知識
・競合商品・サービスとの比較（価格など）
・会社の履歴・過去の実績
・紛争鉱物に関する仕入方針および調査協力
・グリーン調達
・契約上の義務を履行するための財務安定性や支払条件など

（Supplier Filtering）
Ask the local purchase manager if they have established criteria for vetting new suppliers. Generally, the criteria includes the following points:
- Expertise in goods/services to be purchased,
- Comparison with competing goods/services (e.g. prices),
- Company history/past performance,
- Purchasing policy regarding conflict minerals and cooperation with investigation,
- Green procurement, and
- Financial stability to fulfill the obligation under the contracts and payment terms, etc.

2-1-2	**（相見積り）** サプライヤー選定プロセスの書類を入手し，複数のサプライヤー候補から見積りが取得されたことを確認しなさい。 （Competitve Bidding） Obtain documents of the supplier selection process, and ensure that quotes were obtained from multiple potential suppliers.
2-1-3	**（入札手続における例外の承認）** 最低価格の入札を選ばなかった場合，その理由が明確に文書化され，承認者によって承認されたことを確かめなさい。また，入札プロセスを経ずに購入された商品やサービスについては，サプライヤー選択の正当な理由が文書化され，承認者によって承認されたことを確かめなさい。 （Approval of Exceptions in Bidding Process） Ensure that reasons for not selecting a bid that offers the lowest price have been clearly documented and approved by persons in charge of authorization. Also, for goods and services purchased without going through a bidding process, ensure that justifiable reasons for the supplier

selection have been documented and approved by persons in charge of purchase authorization.

2-1-4	**（ゼロ・トレランス方針）** 会社および従業員がいかなる贈り物や接待も受け取らない「ゼロ・トレランス方針」を採用しているかどうか，現地の購買マネジャーに尋ねなさい。「ゼロ・トレランス方針」が導入されている場合，その方針がすべてのサプライヤーに送付されたかどうか，購買マネジャーに尋ねなさい。 **(Zero-tolerance Policy)** Ask the local purchasing manager whether a "zero-tolerance policy" is in place, whereby the company and its employees do not accept gifts or entertainment of any kind. If the "zero-tolerance policy" has been implemented, ask the purchasing manager whether the policy has been sent to all suppliers.

2-2. 契約および発注　Contracting and Purchase Order

2-2-1	**（法務専門家による契約書レビュー）** 会社の権利を法的に保護するため，サプライヤーとの契約の条件・条項が法務専門家によってレビューされたかを現地の購買マネジャーに尋ねなさい。さらに，新しい契約を5件，サンプリング選択し，その契約にサプライヤーの債務不履行時の損失補償に関する条項が含まれていることを確認しなさい。 **(Contract Review by Legal Experts)** Ask the local purchase manager whether the terms and clauses of contracts with suppliers have been reviewed by legal experts to legally protect the company's rights. In addition, select 5 new contracts to ensure that they contain indemnity clauses in the event of supplier default.
2-2-2	**（発注承認）** 注文書の中から5件選び，発注が申請者以外の人物によって承認されたことを確認しなさい。 **(PO Approval)** Select 5 purchase orders, and verify that they were approved by persons

other than the purchase order applicants.

2-2-3	（納期遅延のフォローアップ） 購入物の納期遅延に直面した場合，どのような措置を取るのか，現地の購買責任者に尋ねなさい。措置には，次のような例があります。 ・サプライヤーと連絡を取り，新しい納品予定日，遅延の理由，潜在的な解決策または代替案についての情報を収集すること ・工場責任者や遅延の影響を受ける可能性のある顧客など，関係者に通知すること ・「不可抗力」条項，「時間厳守」条項など，契約条件を確認すること ・顧客に分割納品が可能かどうかの確認，一時的な代替品，配送の変更（航空輸送等）などの代替解決策を検討すること （Follow-up of Delivery Delay） If the company faced delayed deliveries of purchased items, ask the local purchasing manager what steps they would take. Examples of steps include: ・Communication with suppliers to gather information about expected new delivery date, reasons for the delay, potential solutions or alternatives. ・Notifying to affected parties, such as a factory manager, customers who may be impacted by the delay. ・Reviewing contract terms, such as "force majeure" clauses, "time is of the essence" clauses, etc. ・Considering alternative solutions, such as checking with the customers whether partial deliveries are possible, temporary substitutes, changes in shipment （e.g. air freight）.

2-3. 検品　Acceptance Inspection

2-3-1	（検品作業） 物品受領の倉庫作業員が受領時に数量不足や不良品がないか確認している様子を観察しなさい。 （Inspection Work） Observe how warehouse workers in charge of receiving goods check for shortfalls in quantity or any defective goods upon receipt.

2-3-2	**（検品書類）** 物品受領関連の書類（検査報告書，納品書など）が保管されていることを確認しなさい。 **(Inspection Documents)** Ensure that receipt-related documentation (e.g. goods inspection reports, delivery notes) are stored.
2-3-3	**（購入・返品・割引処理システム）** J-SOXやUS-SOX文書などの業務フローチャートをレビューし，購入・返品・割引を処理するシステムがあることを確認しなさい。 **(Processing System for Purchase/Return/Discount)** Review operation flowcharts, such as J-SOX/US-SOX documents to ensure they have systems in place to handle purchases/returns/discounts.

2-4. マスターファイル管理　Master File Management

2-4-1	**（アクセス権）** 仕入先および価格マスターファイルのアクセス権リストを査閲し，マスターファイルへのアクセスが権限のある人物に制限されていることを確認しなさい。また，支払担当者は，これらのファイルにアクセスする権限がないことを確認するため，支払担当者からのアクセスを試してもらいなさい。 **(Rights of Access)** Review lists of access rights for the supplier and price master files, and ensure that access to the master files is restricted to the authorized personnel. Also, ask the staff in charge of payments to attempt to access these master files to ensure that they do not have permission to access them.
2-4-2	**（登録変更のレビュー）** マスターファイルへの変更は，入力担当者とは別の者によってレビューされていることを確認しなさい。 **(Review of Registration Changes)**

> Ensure that revisions to the master files have been reviewed by the persons who are different from those who are in charge of inputting.

■本節に関連する監査報告書の例

購買担当者がサプライヤーと癒着するリスクは，購買担当者のローテーションで低減できますが，サプライヤーの定期チェックや見直しなどでも可能となります。

下記は，サプライヤーの見直しを提案した報告文例です。

> ### *New suppliers should be researched and suggested:*
>
> *Fact* —
> As a result of our data review, we found that suppliers had not been changed over the past 20 years, and there was no documentation showing that the company had considered whether the existing suppliers would remain optimal for the future in terms of quality and price of supplies, and in terms of the financial stability of the suppliers.
>
> Based on our interview with the purchasing manager, we realized that the production department is cautious about changing raw materials due to the difficulty of changing 4Ms（men, machines, materials and methods）.
>
> *Risk* —
> Long-term relationships with suppliers increase the risk that members of the purchasing department may collude with the suppliers. It is unclear whether the raw materials purchased from the existing suppliers are the best choice in terms of quality and price.
>
> *Suggestion* —
> We suggest the local management to research new suppliers who can supply high-quality and low-price raw materials and suggest potential suppliers to the production and quality assurance departments. When existing suppliers are replaced by new suppliers, the risk of collusion between the purchasing department and suppliers can be mitigated.

Management Comments（Response to the Recommendation） —
I do not agree with your suggstion. In order to supply high-quality products to our customers, I believe that 4 Ms should not be changed easily. I am not aware of any collusion between our purchasing department and our suppliers.
（Mr. xxx, local CEO）

（参考訳）
新規サプライヤーの調査と提案について

背 景 —
マスターファイルをレビューしたところ，過去20年間にわたってサプライヤーが変更されていませんでした。供給品の品質と価格の観点から，そして，サプライヤーの財務安定性の観点から，既存のサプライヤーが今後も最適であるかどうかについて，検討したことを示す文書がありませんでした。

購買担当者へのヒアリングから，生産部門では 4 M変更（人，機械，材料，方法の変更）の難しさから原材料の変更に慎重であることがわかりました。

リスク —
サプライヤーとの長期的な関係が続くと，購買部員がサプライヤーと共謀するリスクが高まります。既存のサプライヤーから購入する原材料が，品質と価格の両面で最良の選択であるかどうか不明です。

改善提案 —
高品質かつ低価格の原材料を供給できる新しいサプライヤーを調査し，生産部門と品質保証部門に，サプライヤー候補を提案すべきです。既存のサプライヤーが新規のサプライヤーへ変更されると，購買部門とサプライヤー間の共謀のリスクを軽減することができます。

マネジメント・コメント（改善提案に対する現地経営者の回答）—
貴殿の提案に同意しません。お客様に高品質な製品を供給するためには， 4 Mを安易に変更すべきではないと考えています。また，当社購買部門とサプライヤーとの間に癒着があるとは認識しておりません。
（現地CEO xxx氏）

3. 仕入債務管理　Accounts Payable Management

　仕入債務が正確かつ網羅的に計上されているかどうかは，仕入先に対する問い合わせ（残高確認）によって確認することができます。また，会社の認識している債務残高と仕入先が認識している債権残高との間に差異がある場合は，差異調整や分析を通じて，社内処理や内部統制における問題を把握するのに役立ちます。

3-1.　支払手続　Payment Procedures

3-1-1	（支払処理） 支払の処理方法について，現地の財務マネジャーまたはコントローラーに尋ねなさい。購入承認者と財務担当者の両方が承認した請求書に基づいてのみ支払いが行われていることを確かめるため，関連文書またはシステムを査閲しなさい。 （Payament Processing） Ask the local financial manager or controller how payments are processed. Review documents or systems to verify that the payments are made only based on invoices approved by both persons in charge of purchase authorization and of finance.
3-1-2	（重複支払いの防止） 「支払済み」印を押して，「処理済み請求書」を無効にするなど，重複支払いを防ぐための方法を現地の財務マネジャーに尋ねなさい。 （Prevention of Duplicate Payments） Ask the local financial manager how to prevent duplicate payment, such as voiding/invalidating "processed invoices" by stamping a "Paid" seal.
3-1-3	（支払条件に基づく支払い） 支払データから10件の支払いを選択し，契約書や請求書と照合して，契約書に規定されている，または，請求書に記載されている支払期日と支払方法に従って支払いが処理されたことを確認しなさい。

（Payment based on Payment-terms）
Select 10 payments from the payment data, and check them with contracts and/or invoices to ensure that the payments were processed in accordance with the due dates and payment methods stipulated in contracts or shown on invoices.

3-1-4	（購入関連文書の保管） 見積書や注文書など，購入に関連するすべての文書が買掛金担当者によって保管されていることを確認しなさい。 （Purchasing Document Retention） Ensure all documents related to purchases, such as quotations, purchase orders, etc., are retained by the person in charge of accounts payable.

3-2. 債務残高の確認　Confirmation of Payable Balance

3-2-1	（残高確認書） 会社の買掛金残高がサプライヤーの売掛金残高と一致していることを確認するため，サプライヤーに直接確認書が送られ，サプライヤーから確認書が収集されているかどうかを現地財務マネジャーに尋ねなさい。また，確認書が1年にどのくらいの頻度で送られているかも尋ねなさい。 （Balance Confirmation） Ask the local financial manager if confirmations are sent directly to and collected from suppliers to ensure that the company's A/P balances match the suppliers' A/R balances, and how often per year confirmations are sent.
3-2-2	（差異分析） 子会社の買掛金残高と仕入先の売掛金残高に差異がある場合，現地財務部門および仕入部門は差異を分析・調整し，異常な差異がないことを確認しなければなりませんが，これらの作業を行っていることを確かめるため，関連文書を査閲しなさい。 （Reconciliation of Differences） If there are differences between the company's A/P balances and the suppliers' A/R balances, the local financial department and purchase department are responsible to analyze/reconcile the differences and

	make sure no unusual differences. Review documents to ensure that these reconciliation has been performed.
3-2-3	（差異調整のレビュー） 残高確認および調整項目のフォローアップの結果が上席者によってレビューされたことを確認しなさい。 （Review of Reconciliation） Ensure that the results of the balance confirmations and follow-up on the reconciling items are reviewed by persons in charge of authorization.

■本節に関連する監査報告書の例

　仕入先に質問書を送り，回答をもらうことによって，仕入債務が正しく計上されているかどうか，また，過払いや支払漏れがないかどうかなどを確かめることができます。この確認作業は重要な手続ですが，意外にこれを行っていない子会社は多いのです。理由はいくつかあります。

　・現地で会計監査を受けているため，現地の監査法人が会計監査の一環で確認書の送付作業を行っている。よって，子会社が自身で確認作業を行う必要はないと判断している。

　・仕入債務の計上や仕入先への支払いが漏れていても，仕入先から支払いを督促されるため，多少ルーズな管理であっても，結局，仕入債務は正しく修正されると信じている。

　・確認作業の結果，自社が計上している仕入債務の残高と仕入先の認識している金額との間に差異があると，差異の原因を分析・調整することになる。この調整作業が経理部門にとって大きな負担になるため，確認作業を積極的に行いたくない。

　上記の理由に首肯する方もいると思いますが，いくつか注意しなければならない点があります。まず，監査法人が行っている確認書の送付ですが，送付しているのは仕入先の一部だということです。すべての仕入先ではありません。監査法人が選定する仕入先は，大きな残高のある取引先になる傾向があるので，

長年，残高確認が実施されていない仕入先があるかもしれません。

次に，仕入債務の管理は多少ルーズでも問題になり難いという点ですが，管理がルーズであると，月末や四半期末，年度末の債務残高が正しいという保証は得られません。

最後に，差異分析・調整の負担が大きいという点ですが，差異分析が行われないと，長年，業務プロセス上の欠陥が放置されているおそれがあり，購買部門に対する牽制が働きません。これらのポイントは，十分に認識しておく必要があります。

下記は，残高確認の不備について指摘した報告文例です。

Reconciliation between A/P ledger and confirmation received from suppliers should be completed:

Fact —
Auditing firm sent confirmations to suppliers to verify the balance of accounts payable. The audit revealed discrepancies between the confirmations received from 2 suppliers (i.e. EFG Co., Ltd. and HIJ Co., Ltd.) and the company's ledgers.

The company attempted to analyze the discrepancies and reconcile the balances with the confirmations, but the reconciliation has not been completed due to unclear reasons until the end of the audit.

Risk —
There may be errors in the payable ledger.

Recommendation —
We recommend that the company completes the reconciliation and ensure that the payable balances are correct.

Management Comments (Response to the Recommendation) —
I agree with your recommendation. I will indicate the accounting manager and payable manager to complete the reconciliation.
(Mr. xxx, local CEO)

（参考訳）
仕入債務差異の分析未了について

背 景 ―
監査法人が会社の買掛金残高を検証するため，仕入先に残高確認書を送付したところ，2つの仕入先（EFG社とHIJ社）から受け取った確認書と会社の元帳との間に差異のあることが判明しました。会社は差異を分析し，残高を確認書と一致させるよう調整しようとしましたが，不明な理由があったため，監査終了までに調整は完了しませんでした。

リスク ―
買掛金元帳に誤りのある可能性があります。

改善提案 ―
調整を完了させ，買掛金残高が正しいことを確認すべきです。

マネジメント・コメント（改善提案に対する現地経営者の回答）―
あなたの提案に同意します。会計マネジャーと買掛金マネジャーに差異調整を完了するよう指示します。
（現地CEO xxx氏）

生産および在庫管理

Manufacturing and Inventory Management

　生産管理は，製品の安定生産だけではなく，製品の品質維持，環境対応，職場の安全衛生，設備維持，物流や在庫管理など多岐に渡ります。生産現場を見れば，その企業の生産状況だけでなく，安全衛生や管理水準，従業員の士気などについて心証を得ることができるため，生産現場は，「企業全体の鏡」とも言われます。ただし，生産現場を視察する際には，目的を絞って観察しないと，問題を見過ごすことになりかねません。

1. 工場の組織と職務分掌
Organization and Segregation of Duties in Factories

1-1. 組織　Organization

1-1-1	（工場の各部門） 工場の組織図を入手し，以下の機能が組織内の部門・チームに割り当てられていることを確認しなさい。 　　・生産管理 　　・品質保証 　　・生産技術および設備管理 　　・労務管理 　　・安全衛生 　　・資材調達 　　・環境対応

・原価計算
・物流および在庫管理など

(Departments in a Factory)

Obtain an organizational chart in the factory to verify that the following functions are assigned to departments/teams within the organization.

- Manufacturing
- Quality Assurance
- Manufacturing Technology and Equipment Management
- Labor Management
- Safety and Health
- Procurement and Purchase
- Responses to Environment
- Cost Accounting
- Logistics and Inventory Management, and etc.

| 1-1-2 | (指示系統および間接機能)
工場の組織を確認し，次の点を評価しなさい。

- 生産部門が容易に指示を伝えることができるかどうか。また，組織内の秩序を維持することができるかどうか。
- 品質管理部門，環境部門など，生産部門をサポートする間接部門が組織されているかどうか。

(Chain of Command & Indirect Functions)

Review the organizational structure of the factory and assess whether:

- it is easy for the manufacturing departments to communicate commands and maintain order in the organization.
- indirect departments, such as quality control department, environmental department, are organized to support the manufacturing departments.

| 1-1-3 | (部門別KPI)
工場内の各ポジションにどのようなKPIが設定されているかを工場責任者に尋ねなさい。KPIの例は次のとおり。

- コスト・利益（工場収益，工場総コスト，各製品のコスト，原材料の消費，欠陥損失）
- 予算管理（資本支出，経費）
- 品質（市場からの苦情，工程内の欠陥数）
- 生産（生産量，設備稼働率，作業員の出勤率）

第Ⅷ章　生産および在庫管理　　*133*

　　　　　　　・安全（事故，病気，ヒヤリハットからの提案，日常の健康管理）
　　　　　　　・環境（水質，排気，CO₂排出量）

(KPIs by Department)
Ask the factory manager what KPI's are set for each position in the factory.　Examples of KPIs are as follows:
　　　　　・Costs and Profits（factory revenue, total factory costs, cost of each product, consumption by raw materials, losses on defects）
　　　　　・Budget Management（capital expenditures, expenses）
　　　　　・Quality（market complaints, defect number in processes）
　　　　　・Manufacturing（product volume, equipment operating rate, worker attendance rate）
　　　　　・Safety（accidents, illness, suggestions from near-miss, daily health management）
　　　　　・Environment（water quality, exhaust, CO_2 emission）

1-1-4

（グループ方針に沿った現地KPI）
現地生産部門のKPIがグループ本社の方針，計画，対策と関連して設定されていることを確認しなさい。

(Local KPIs aligned with the group's policies)
Review the local KPIs in the manufacturing departments and verify that those KPIs have been set to be relating to the policies, plans and measures of the group headquarters.

1-2.　職務分掌　Segregation of Duties

1-2-1

（職務分掌）
職務記述書または決裁権限図を入手し，次の職務が同じ担当者に割り当てられていないことを確認しなさい。
　　　　・購入品の発注と支払処理
　　　　・資材発注と入庫・記帳
　　　　・生産と品質管理
　　　　・設備保全と台帳管理など

(Segregation of Duties)
Obtain job description or approval workflow chart and ensure that the

following duties are split up among different individuals:
- · purchase ordering and payment processing
- · ordering raw materials and receiving/recording
- · Manufacturing and Quality Control
- · Equipment Custody and Record Keeping, etc.

■本節に関連する監査報告書の例

　工場にとって原価低減は，最も重要なミッションの１つです。ただ，工場が過度に原価低減に傾倒すると，必要な対応も後回しになりかねません。たとえば，排水浄化装置の設置やポカヨケ対策（Fool Proof）への投資などです。

　下記は，管理の不徹底を招きかねないリスクを指摘した報告書の文例です。

KPIs for environmental responses should be set
 and assigned to a manager who is not
 responsible for cost reduction:

Fact —
Based on our review of factory KPIs, we found that no KPI to respond to environment（e.g. CO_2 emission）has been set.

Risk —
There is a possibility that the factory manager will not be able to meet the group's environmental goals and comply with local environmental regulations.

Suggestion —
We suggest that the company sets KPIs for environmental responses and assign them to a manager who is not responsible for cost reduction.

Management Comments（Response to the Recommendation） —
I agree with your suggestion. We will set environmental KPIs and assign them to a manager after double-checking the environmental goal of the group and investigating requirements of the local environmental regulations.
（Mr. xxxx, local CEO）

（参考訳）

第Ⅷ章　生産および在庫管理　　*135*

環境対応のKPIについて

背 景 ―
工場のKPIを確認したところ，環境対応のKPI（CO_2排出量など）が設定されていませんでした。

リスク ―
グループの環境目標に対応できず，現地の環境規制を遵守できないおそれがあります。

改善提案 ―
環境対応のKPIを設定し，コスト削減の責任を負わないマネジャーに割り当てることを提案します。

マネジメント・コメント（改善提案に対する現地経営者の回答） ―
ご提案に同意します。グループの環境目標を再確認し，現地の環境規制の要件を調査した後，環境 KPI を設定し，マネジャーに割り当てます。
（現地CEO xxx氏）

---

2. 生産管理　Manufacturing Management

2-1. 生産計画　Manufacturing Plan

2-1-1	**（計画策定）** 生産計画を閲覧し，計画が定期的に作成されていることを確認しなさい。 **（Planning）** Check the manufacturing plans to ensure that the plans are developed on a regular basis.
2-1-2	**（ブルウィップ効果）** 過去3年間における資材や製品の廃棄履歴を査閲しなさい。廃棄が多いと判断される場合，生産計画の方法を工場責任者に尋ね，悪い予測精度の根本原因（たとえば，ブルウィップ効果による悪影響）を調査しなさい。 　　（注）「ブルウィップ効果」とは，サプライチェーンの川下の需要変動が川

上のサプライヤーにいくほど需要変動が増幅していく現象です。川上に
あるメーカーにとっては，生産過多に陥り，製品の投げ売りや在庫廃棄
を行うなど負の影響をもたらします。この現象は，まとめ買いの割引を
得たい小売り業者の大量発注や，品薄・欠品をおそれて必要以上に発注
（需要予測）すること（Rationing and Shortage Gaming）などによって
起こります。

（Bullwhip Effect）
Review a disposal history of materials and products for the past three
years. If the disposals are deemed to be high, ask the factory manager
how to plan the number of manufacturing, and investigate the root
causes of poor forecast accuracy, such as adverse impact by bullwhip
effect.

(Note) "Bullwhip Effect" is a phenomenon in which small demand
fluctuations downstream in the supply chain lead to increasingly larger
fluctuations at upstream suppliers. It results in negative impacts on
upstream manufacturers, leading to overproduction and forcing them
clearance sales and/or dispose of inventories. This phenomenon is
caused by batch-order of retainers demanding bulk discounts, inflating
orders/forecasts beyond actual needs to secure a large share of the
limited supply (Rationing and Shortage Gaming), etc.

2-1-3	（生産指標の設定） 生産計画において設定されている各種生産指標（歩留まり率，生産ピッチ など）とこれまでの実績データとを比較し，想定指標が現実的かどうかを 判断しなさい。 （Setting Production Indicators） Compare production indicators (yield rate, production pitch, etc.) assumed in the plan with actual data, and determine whether assumptions of the indicators are realistic.

2-2. 生産現場　Production Site

2-2-1	（管理項目の見える化） 生産現場を視察し，管理盤（ディスプレイ）に現場での管理項目（生産 数，生産性，不良数など）が表示されていることを確認しなさい。

第Ⅷ章　生産および在庫管理　　*137*

(Visualization of Management Items)

Inspect the production site and confirm that the management items at the site (production numbers, productivity, number of defects, etc.) are displayed on the control panel (display).

| 2-2-2 | (動作分析)
子会社へ往査する前に，「Therblig」，「MODAPTS」または「3ム」の基本を学習しなさい。その上で，工場視察の際には，生産ラインの作業員の動作を観察し，動作やラインフローの非効率性を見つけなさい。
　　(注1)　「Therblig」は，手作業を分析するための動作研究です。作業を最小の要素に分解して効率性と生産性を向上させる方法として開発されました。
　　(注2)　「MODAPTS 」(Modular Arrangement of Predetermined Time Standards) は，人間の作業プロセスを分析および最適化するために使用される作業測定体系です。
　　(注3)　「3ム」とは，生産プロセスにおける非効率性を識別し，排除することを目的としたリーン・マネジメントです。「ムダ」，「ムラ」および「ムリ」の3つのコンセプトから構成されます。

(Motion Analysis)
Before visiting a subsidiary company, learn the basics of "Therbligs", "MODAPTS" or "3 Mu". Then, during the factory visit, observe the workers' motion on the production lines and find inefficiencies in their motion or line flows.
　　(Note 1)　"Therblig" is a motion study to analyze manual operations. It was developed as a way to break down work into its smallest components to improve efficiency and productivity.
　　(Note 2)　"MODAPTS" or Modular Arrangement of Predetermined Time Standards, is a work measurement system used to analyze and optimize human work processes.
　　(Note 3)　"3 Mu" are three concepts aiming at identifying and eliminating inefficiencies in production processes. The 3 Mu consist of "Muda (wastefulness)" "Mura (unevenness)" and "Muri (overburden)" which are lean management. |
| 2-2-3 | (5S)
生産スペース，倉庫，オフィスを観察し，工場内で5Sが維持されていることを確認しなさい。5Sに不徹底がある場合は，工場責任者に5Sポリシーまたは同様のポリシーがあるかどうかを尋ねなさい。
　　(注)　「5S」は，清潔で整理された安全な作業環境を作り出すことで効率 |

性と効果を向上させることを目的とした日本発祥の職場整理方法です。
「５Ｓ」という用語は，それぞれ「Ｓ」で始まる５つの日本語を指します。
- ⅰ）整理：必要な物と不要な物とを分け，不要な物を処分すること
- ⅱ）整頓：道具と材料を簡単に使用できるよう整理・配置すること
- ⅲ）清掃：整頓された環境を維持するために，作業スペースを定期的に清掃すること
- ⅳ）清潔：最初の３つのＳの基準を確立して，作業スペースの維持の一貫性を確保すること
- ⅴ）躾：最初の４つのＳによって確立された基準と実践を維持するための規律を養うこと

（５Ｓ）

Observe the production spaces, warehouses and offices to ensure that 5S are being maintained within the factory. If you find any deficiencies in 5S, ask the factory manager if there is a 5S policy or similar policies.

(Note) "5S" is a workplace organization methodology that originated in Japan, aimed at improving efficiency and effectiveness by creating a clean, organized, and safe work environment. The term "5S" refers to five Japanese words that each start with the letter "5S".

- ⅰ) Seiri (整理)_Sort : This involves separating necessary items from unnecessary ones and disposing of the latter.
- ⅱ) Seiton (整頓)_Set in Order : This step focuses on organizing and arranging tools and materials for easy access and use.
- ⅲ) Seisō (清掃)_Shine : Regular cleaning of the workspace to maintain a tidy environment.
- ⅳ) Seiketsu (清潔)_Standardize : Establishing standards for the first three S's to ensure consistency in maintaining the workspace.
- ⅴ) Shitsuke (躾)_Sustain : Developing the discipline to maintain the standards and practices established by the first four S's.

2-2-4	**（マン-マシンチャート）** 生産ラインを観察し，手待ちの作業員や稼動中断の機械がないことを確認しなさい。手待ち作業員や稼動中断の機械が見つかった場合は，工場責任者に対し，どのようにリソースをより効率的に使用できるようにしているのかを尋ね，マン-マシンチャート（「M-Mチャート」）を閲覧しなさい。 （注）「マン-マシンチャート」は，人と機械設備の作業を可視化し，効率性を分析するためのツールです。

第Ⅷ章　生産および在庫管理　　*139*

(Man-Machine Chart)

Observe the production line to confirm there are no idle workers or idle machines. If you find idle workers or machines, ask the factory manager how they are using resources more efficiently, and review man-machine charts ("M-M charts").

(Note) "Man-machine charts" are visual tools used to analyze the interaction between workers and machines in a production process.

2-2-5	**(SLP)** 子会社を訪問する前に，システマティック・レイアウト・プランニング (SLP) の基礎を学習しなさい。その上で，工場視察の際は，工場フロアや倉庫を観察し，施設レイアウト上に，効率性や生産性を妨げているポイントを見つけなさい。 （注）「SLP」は，製造工場，倉庫，配送センターなどの施設のレイアウトを最適化するために使用される構造化された方法です。SLPの主な目的は，材料や製品の移動距離を最小限に抑え，無駄を減らし，施設内の流れを改善することで，効率性と生産性を高めることです。 **(SLP)** Before visiting a subsidiary company, learn the basics of "Systematic Layout Planning (SLP)". Then, during the factory visit, observe the factory floors and warehouses to identify bottlenecks in the facility layout that are hindering efficiency and productivities. (Note) "Systematic Layout Planning (SLP)" which is a structured method used to optimize the layout of facilities, such as manufacturing plants, warehouses, and distribution centers. The primary goal of SLP is to enhance efficiency and productivity by minimizing the distance materials and products travel, reducing waste, and improving flow within the facility.
2-2-6	**(物理的セキュリティ)** 発表前の製品を扱う工場においては，発表まで製品の外観を秘匿にしなければなりません。そのような製品を製造している工場では，製造ラインや倉庫が隔離され，入退室のセキュリティが施されているかを確認しなさい。 **(Physical Security)** Factories that are producing pre-release products must keep the

appearance of the product secret until it is released. In such factories confirm that production lines and warehouses are isolated and install security in place to restrict access.

2-2-7	**（完全自動化の落とし穴）** 生産ラインの何をどのように自動化するのかの方針があるのかどうか，工場責任者に尋ねなさい。特定の生産ラインを完全に自動化する計画がある場合，次のようなリスクがあることを認識した上で，製品ライフサイクルや生産数量が予想されているかを工場責任者に尋ねなさい。 　　　 i ）　完全に自動化された生産ラインでは特定種類の製品しか生産できないため，その製品が予想よりも早く寿命を迎えた場合，設備を廃棄または減損しなければならなくなるかもしれない。 　　　 ii ）　生産数が期待よりも少ない場合，設備の減価償却費が人件費の削減額を上回るため，自動化設備によるコスト削減が達成されないかもしれない。 （Pitfalls of Full Automation） Ask the factory manager if they have a policy that determines what and how to automate on the production line. If they have a plan to fully automate a particular production line, ask the factory manager whether they have estimated the life cycle of the product and the production number after considering the following risks in mind: 　　　 i ）　The equipment may be scrapped or impaired when that product reaches the end of its life sooner than expected, because a fully automated production line can only produce a certain type of product. 　　　 ii ）　Cost reduction from the automated equipment may not be realized if production volumes are lower than expected, because the depreciation costs of the equipment will exceed the reduced labor costs.

2-3.　労務管理　Labor Management

2-3-1	**（労務管理）** 生産性，効率性，従業員満足度を最適化するために，どのようなチームがあり，どのような活動を行っているかを工場責任者に尋ねなさい。 　　（注）　労務管理には，次のシステムや活動が含まれます。

ⅰ）労務管理システム（LMS）——労働計画，予測，リアルタイム
のパフォーマンスを可視性するためのツール。労働力の生産性と
効率性を最適化するように設計されています。

ⅱ）トレーニングと能力開発——労働者のスキルと能力を高めるた
めの包括的なトレーニング・プログラム。

ⅲ）パフォーマンスのモニタリング——設定された目標と基準に対
する従業員のパフォーマンスを監視すること。

ⅳ）労使パートナーシップ——経営陣と労働者の間に強力な関係を
築くことで，コミュニケーションを強化し，労働条件を改善し，
全体的な生産性を向上させること。人事窓口やホットラインを整
備すれば，コミュニケーション支援となります。

ⅴ）テクノロジー——自律移動ロボットや直感的なモバイル・デバ
イスなどのテクノロジー。ワークフローを合理化し，手作業を減
らすことで，労働効率を高めることができます。

ⅵ）コスト管理——戦略的な人員計画による人件費の管理，リソー
ス割り当ての最適化，品質や従業員満足度を損なうことなくコス
ト削減策を実施すること。

（Labor Management）

Ask the factory manager what teams they have and what activities they are conducting to optimize productivity, efficiency, and employee satisfaction.

（Note） Labor management contained the following system and activities:

ⅰ） Labor Management Systems （LMS） - Software solutions designed to optimize workforce productivity and efficiency by providing tools for labor planning, forecasting, and real-time performance visibility.

ⅱ） Training and Development - Comprehensive training programs to enhance the skills and capabilities of workers.

ⅲ） Performance Monitoring - Monitoring employee performance against set goals and standards.

ⅳ） Labor-Management Partnerships - Fostering strong relationships between management and workers to enhance communication, improve working conditions, and increase overall productivity. HR reps and/or hot lines are assistances of the communications.

ⅴ） Technology - Technology, such as autonomous mobile robots and intuitive mobile devices. It can enhance labor efficiency by streamlining workflows and reducing manual tasks.

	vi) Cost Management - Controlling labor costs through strategic workforce planning, optimizing resource allocation, and implementing cost-saving measures without compromising quality or employee satisfaction.
2-3-2	（離職率分析） 離職率の高い工場エリアや製造ラインがあるかどうかを確かめるため，部門別の離職率分析データを査閲しなさい。たとえば，気温が高くなる成型工場や異臭の生じる化学物質使用工程などは，職場環境として敬遠されることがあります。 （Worker Turnover Analysis） Review worker turnover data by department to see if there are any factory areas or manufacturing lines with high turnover rates. For example, moulding plants with high temperatures or chemical processes that produce unpleasant odors may be undesirable work environments.
2-3-3	（相応の職場環境） 従業員が使用するスペース（トイレ，更衣室，駐輪場・駐車場など）にコストがかけられているか視察しなさい。たとえば，製造ラインや倉庫は5Sが徹底されていても，従業員トイレが汚いなど，従業員用の設備に費用をかけていないことがあります。 （Decent Work Environment） Check whether they spend costs for the spaces used by employees (lavatories, locker rooms, bicycle parking areas/parking lots, etc.). For example, even if 5S is thoroughly implemented on the production line or in the warehouse, it is sometimes seen that just minimum costs are being spent for the employees' spaces (dirty lavatories, etc.).

2-4. 設備管理 Equipment Management

2-4-1	（設備の保守） 設備の台帳を閲覧し，次のデータが含まれていることを確認しなさい。 　i) 設備の状況（建設中，配備済，保守中，休止中，または，廃止済） 　ii) 予防的保守のスケジュール 　iii) 設備の安全性，環境保護，および業界固有の標準への準拠を確保するための規制および法的要件

第Ⅷ章　生産および在庫管理　　*143*

（注）　上記側面に注意することで，設備を効率的に稼働させ，ダウンタイム
を最小限に抑え，生産性を最大化することができるようになります。

（Equipment Maintenance）
Review ledger of equipment to verify the following data are contained therein:
　i ）　Stages of equipment' life（under construction, deployed, under maintenance, idle or retired）
　ii ）　Schedule of preventive maintenance
　iii）　Regulatory and legal requirements to ensure equipment safety, protecting the environment, and complying with industry specific standards.
　（Note）　By focusing on these aspects, the factories can ensure that their equipment operates efficiently, minimizing downtime and maximizing productivity.

| 2-4-2 | （自社開発設備のブラックボックス化）
自社開発の生産設備や製造ラインがあるかどうか，工場責任者に尋ねなさい。他社に対して優位性の高い自社開発の設備・ラインがある場合は，それらが第三者に見られないように対策（ブラックボックス化）を講じているかどうかを視察しなさい。

（Black-boxing of In-house developed equipment）
Ask the factory manager if they have machines, production lines and other equipment developed by themselves. If they have in-house developed equipment that gives them an advantage over other companies, visit the location where the equipment is installed to check whether they have taken measures to prevent third parties from seeing the secrets of the equipment（e.g. black box）. |

2-5.　原価管理　Cost Management

| 2-5-1 | （原価レポート）
工場が定期的に原価レポートを作成していることを確認しなさい。

（Cost Report）
Ensure that the factory prepares cost reports on a regular basis. |

2-5-2	(原価差異分析) 工場が実際コストと標準コストの差異を分析していることを確認しなさい。 (Cost Variance Analysis) Ensure that the factory analyzes cost variance between actual costs and standard costs.
2-5-3	(部品表/BOM) 製品機種表から5件の機種を選び，部品表（BOM）があることを確認しなさい。 　　（注）　「BOM」とは，「Bill of Materials」の略称で，「部品表」または「部品構成表」などと呼ばれます。製品の「レシピ」のようなものです。これがあることによって，製造コストやリードタイムの計算が可能になり，部品数や手配のタイミングに関するミスを防止できるようになります。 (Bill of Materials/ BOMs) Select 5 models from a table of product models, and ensure that the factory has a Bill of Materials（BOM）for each selected model. 　　（Note）　"BOM" is an abbreviation for a "Bill of Material" and is also called "parts list" or "ingredients list". It is like a "recipe" for a product. This make it possible to calculate manufacturing costs and estimate lead times, and helps to prevent mistakes regarding number of parts and the timning of ordering.
2-5-4	(価値分析/価値エンジニアリング) 製品の価値分析（VA）や価値エンジニアリング（VE）を推進するチームや活動があるかどうか，工場責任者や技術部門責任者に尋ねなさい。また，チーム編成と活動記録を査閲しなさい。 　　（注1）　VA——価値分析は，既存の製品に焦点を当てたアプローチです。不要なコストを削減しながら機能性を維持または向上させることで，顧客に提供する価値を最大化することを目指します。このプロセスでは，製品の機能を評価し，各機能が必要かつコスト効率が良いかどうかを判断します。コスト，機能，代替コンポーネントを分析することで，VAは品質や顧客満足度を損なうことなく不要な費用を削減することを目指します。 　　（注2）　VE——価値エンジニアリングは，新製品の設計段階に適用されます。製品設計を変更して，最初からコストと機能性を最適化します。

第Ⅷ章　生産および在庫管理　*145*

VEは，生産開始前に製品設計を体系的に分析および適応させることで価値を高めることを目的とした積極的なアプローチです。この方法は，設計および製造プロセスにおける創造性と革新を促進し，コスト削減と製品パフォーマンスの向上を実現します

(VA/VE)

Ask the factory manager or the engineering manager whether they have a team or activities to promote value analysis (VA) and/or value engineering (VE). Also, review the team organization and records of the activities.

(Note 1)　VA──Value Analysis is an approach focused on existing products. It aims to maximize the value provided to customers by reducing unnecessary costs while maintaining or improving functionality. This process involves evaluating a product's functions and determining whether each function is necessary and cost-efficient. By analyzing costs, functions, and alternative components, VA seeks to eliminate unnecessary expenses without compromising quality or customer satisfactions.

(Note 2)　VE──Value Engineering is applied during the design phase of new products. It involves modifying product designs to optimize cost and functionality from the outset. VE is a proactive approach that aims to enhance value by systematically analyzing and adapting product designs before production begins. This method encourages creativity and innovation in design and manufacturing processes to achieve cost savings and improved product performance.

2-6.　安全管理　Safety Management

2-6-1	(安全管理)

労災防止のための組織や活動について，工場責任者に尋ねなさい。

安全管理は，労働者の健康と安全を確保し，事故を防止し，規制基準を遵守するための一連の戦略と実践です。その具体的な業務は次のとおりです。

ⅰ）　建物，設備，作業場所または作業方法における危険を取り除くための措置

ⅱ）　安全装置，保護具，およびその他の危険防止施設の検査と保守

ⅲ）　従業員に対する安全教育・訓練

iv) 事故・災害の原因の調査と対策の実施
v) 消火と避難訓練
vi) 事故の記録

(Safety Management)

Ask the factory manager what teams they have and what activities they are conducting to prevent accidents in the factories.

Safety management is a set of strategies and practices to ensure the health and safety of workers, prevent accidents, and comply with regulatory standards.　Its specific duties are:

i) Measures to eliminate hazards in buildings, equipment, work places, or work methods;

ii) Inspection and maintenance of safety devices, protective equipment, and other hazard prevention facilities;

iii) Safety education/training for employees;

iv) Investigation of the cause of accidents/disasters and implementation of countermeasures;

v) Firefighting and evacuation drills; and

vi) Recording of accidents.

2-6-2　(安全行動)

機械作業時の安全マニュアルを査閲しなさい。工場視察時に，安全行動が励行されているかを確認しなさい。

作業者が機械を操作する際に，機械に挟まれたり，巻き込まれたりなどの危険に遭遇することがあります。作業者の安全を確保するため，作業者に守らせるべき行動の例は次のとおりです。

・標準作業を守らせる。
・合図や指差し呼称などの励行。
・決められた服装・保護具・安全帯の着用。
・異常時には設備を停止させ，上司の指示を受けさせる。
・異常停止時には，電気を遮断し，回路内の残圧を開放させる。
・決められた作業以外は行わせない。
・チョコ停修復などでは補助具を使わせる。

(Safe Behavior)

Review the machine safety manual.　When observing the factory, confirm that safety practices are being followed.

When operating machinery, workers may encounter dangers such as

being pinched or entangled in the machines. Behaviors that should be observed by workers to ensure their safety are as follows:
- ・Following standard work.
- ・Safety technique including signing and pointing&calling.
- ・Wearing the designated clothing, protective equipment, and safety harness.
- ・Stopping the equipment in the event of an abnormality and receiving instructions from their superiors.
- ・In the event of an abnormality, cutting off the electricity and releasing the residual pressure in the circuit.
- ・No permission to perform any work other than that which has been designated.
- ・Using auxiliary tools when repairing a short stop.

2-6-3 （労災防止）

労働安全衛生に関する方針とマニュアルを入手し，以下の対策と活動が確立・実行されていることを確認しなさい。

- i) 本質安全。発火の原因となる電気エネルギーや熱エネルギーを制限することで，危険区域での電気機器の安全な操作を保証するために使用される保護技術。
- ii) カバー，フェンスなどの危険源の隔離。
- iii) 緊急停止回路などの危険源を停止するための装置。
- iv) 安全プラグなどの危険源を停止したままにするための装置。
- v) ロックアウト・タグアウト機能の設置など，危険源を安全に起動するための対策。
- vi) ５Ｓ，安全文化の醸成など，労働災害を防止する活動。
- vii) ハインリッヒの法則を応用した活動・事故の記録などの危険な作業と領域の特定。——ハインリッヒの法則によれば，重傷につながる重大事故１件につき，軽微な事故が29件，負傷を伴わないニアミスが300件あるとされています。

(Prevention of Industrial Accidents)
Obtain policies and manuals on occupational health and safety, and verify the following measures and activities are established/performed:

- i) Intrinsic safety, a protection technique used to ensure the safe operation of electrical equipment in hazardous areas by limiting the electrical and thermal energy available for ignition.
- ii) Isolation of the source of danger, such as covers, fences.

iii) Devices to stop the source of danger, such as e-stop circuits.
iv) Devices to keep the source of danger stopped, such as safety plugs.
v) Measures to safely start the source of danger, such as installation of lockout/tag-out functions
vi) Activities to prevent industrial accidents, such as 5S, creating a safety culture.
vii) Identification of hazardous work and areas, such as activities applied Heinrich's Laws, recording accidents.——According to Heinrich's Law, for every major accident that results in a serious injury, there are 29 minor accidents and 300 near-misses without injury.

2-7. 環境管理　Environmental Management

2-7-1	**(ISO 14001)** ISO 14001が認証されていることを確認しなさい。ISO更新審査の際に審査員から指摘された問題点を現地の品質保証責任者に尋ねなさい。 　　(注)　ISO 14001などの環境管理システム (EMS) は，効果的な管理システムを構築するための体系的なフレームワークを提供します。環境改善への取り組み，悪影響の識別，目標の設定，行動計画の実施，進捗の監視，有効性の評価などが含まれます。<hr>**(ISO 14001)** Ensure that ISO 14001 is certified. Ask the local environmental manager about the issues pointed out by the auditor during the ISO renewal audit. 　　(Note)　An Environmental Management System (EMS), such as ISO 14001, provides a structured framework to set up effective management systems. This involves stages like commitment to environmental improvement, identifying negative impacts, setting targets, implementing action plans, monitoring progress, and evaluating effectiveness.
2-7-2	**(環境管理のためのシステム)** ISO 14001の認証がない場合は，以下のポイントを調査し，環境管理のための適切なシステムが整備されていることを確認しなさい。 　　i)　環境ポリシー・目的・目標 — 　　　　組織目標と法律上の義務とを整合させた環境ポリシー，目的およ

び目標の設定，ならびに定期的評価と見直し

ⅱ）継続的改善 ―
環境パフォーマンスを向上させるための計画，実施，確認，見直しの周期的なプロセス

ⅲ）報告 ―
親会社またはその他の利害関係者に対し，環境パフォーマンスを報告するシステム

（System for Environmental Management）

If ISO 14001 is not certified, check the following points to ensure that an appropriate environmental management system is in place:

ⅰ）Environmental Policies, Objectives and Targets ―
Setting environmental policies, objectives, and targets, and regular evaluation and review to ensure alignment with the organization's goals and regulatory obligations.

ⅱ）Continuous Improvement ―
A cyclical process of planning, implementing, checking, and reviewing to enhance environmental performance.

ⅲ）Reporting ―
Systems to communicate environmental performance with the parent company or other stakeholders.

2-7-3　（排水・換気に関する現地規則への遵守）

排水と換気に関して遵守する必要がある現地の法律と規制について，工場長に尋ねなさい。また，工場エリアを視察して，貯留タンク，貯留池，沈殿物制御装置などが設置されていることを確認しなさい。

（Compliance with Local Regulations of Drainage/Ventilation）

Ask the factory manager what local laws and regulations need to be observed regarding drainage and ventilation. Also, inspect the factory area to ensure that detention tanks/retention ponds/sediment control devices are installed.

2-7-4　（廃棄物の処理）

工場責任者に次の点について尋ねなさい。

ⅰ）廃棄物処理手順が作成され，実行されているか

ⅱ）廃棄物は種類ごとに分類され，分別されているか

ⅲ）廃棄物の発生経路別に指定された容器を使用しているか

ⅳ）廃棄物処理施設は作業スペースから分離されているか，など

(Waste Handling)

Ask the factory manager whether:

ⅰ) waste handling procedures have been developed and are being followed;

ⅱ) waste is categorized and segregated based on type;

ⅲ) designated containers are used for different waste streams;

ⅳ) waste facilities are separated from work space; etc.

2-7-5	(緑地面積率) 緑地面積率に関する地域の要件があるかどうかを工場責任者に尋ねなさい。 （注） 緑地面積率とは，工場建設で使用される基準であり，特定の敷地内の緑地と建物エリアのバランスを定量化するために指定されます。 (Greening Space Ratio) Ask the factory manager if there are any local requirements regarding green space ratios. (Note) Grren space ratios are metrics used in plant construction and designated to quantify the balance between green spaces and built-up areas within given lots.
2-7-6	(現地環境当局による監査) 現地の環境マネジャーに，現地環境当局による監査を受けたかどうかを尋ねなさい。監査を受けた場合は，どのような問題が指摘されたかを環境マネジャーに尋ねなさい。 (Audit by Local Environmental Authorities) Ask the local environmental manager whether they were audited by the local environmental authorities. If so, ask him/her what problems were identified.

■本節に関連する監査報告書の例

　工場では日頃さまざまな管理活動を行っていますが，新機種製品の立ち上げなどのイベントがあると，日常業務以外のストレスがかかります。組織全体がストレスにさらされると，いままで認識されていなかった問題点が事件という形で露見することがあります。

第Ⅷ章 生産および在庫管理 *151*

下記は，安全対策の不備を指摘した報告文例です。

Safety training should be provided to all employees and a manual for rescuing employees who are electrocuted should be created:

Fact —
While the maintenance staff was repairing a machine in a high place on a ladder, he received an electric shock from the machine. He lost consciousness and his body was pulled towards the machine. When a female worker discovered this accident, she immediately turned off the power. The electric shock stopped when the power was turned off, but his body was released from the machine and fell from the high place. As a result, he suffered a head injury.

The safety manual states that electricity must be turned off before repair work begins, but the make maintenance staff did not follow this manual. In addition, there is no specific manual on how to rescue someone who is electrocuted.

Problems —
The safety manual is not being followed. In addition, the factory has not developed a manual on how to rescue employees who get electrocuted.

Recommendation —
We recommend that:
　1) the factory provides safety trainings to all employees, and
　2) the factory creates a manual for rescuing employees who are electrocuted.

Management Comments (*Response to the Recommendation*) —
I agree with your recommendation. We will hold training sessions for all employees. In addition, we will create a manual for dealing with electric shocks. (Mr. xxxx, Factory Manager)

(参考訳)
安全トレーニングおよび感電時マニュアルについて

背 景 —
メンテナンス担当者が梯子の上で高所の機械を修理中，機械から感電してしまいま

した。彼は意識を失い，体が機械に引き寄せられてしまいました。女性作業員がこの事故に気づき，すぐに電源を切ったところ，感電は止まりましたが，体が機械から外れて高所から落下し，頭部を負傷してしまいました。

安全マニュアルには，修理作業を始める前に必ず電源を切ることと記載されていますが，男性の修理担当者はこれを怠っていました。また，感電した人を救出する具体的なマニュアルがありませんでした。

問題点 ―
安全マニュアルが守られていません。さらに，感電した従業員を救助するマニュアルが工場で整備されていません。

改善提案 ―
次のとおり，改善提案します。
 1) 工場は全従業員に安全教育を実施すべきです。
 2) 感電した従業員を救助するためのマニュアルを作成すべきです。

マネジメント・コメント（改善提案に対する現地経営者の回答）―
ご提案に同意します。全従業員を対象に研修会を実施します。また，感電時の対応マニュアルも作成します。
（工場長 xxx氏）

3. 品質管理　Quality Management

　品質管理とは，製品の品質を確保するための一連の取り組みや仕組みのことです。品質管理は，製品が製造される過程で品質を管理し，検査・検証を通じてその品質を保証する重要な工程です。製造業にとっては信頼の礎とも言えるものです。

　しかし，世の中には，品質に関する不正事件が絶えません。たとえば，「製造過程で発生した欠陥を隠蔽し，リコールを行わなかった」とか，「製品の品質データを改ざんし，基準を満たしていない製品を出荷し続けた」などです。

　『月刊 監査役』No.765（2024年8月号）の寄稿「昨今の品質不正事案の動向と企業としての対応」（アンダーソン・毛利・友常法律事務所 外国法共同事業 西

谷敦弁護士・大西良平弁護士・木下岳人弁護士・中川佳直弁護士 共著）では，興味深い品質不正に関する現象面の特徴が記述されていました。以下は，その要約です。

① 品質不正法は，検査の書き換え，改ざん・ねつ造・流用・間引き，都合のよい試験方法への変更などによって行われるが，いずれも目新しい手法ではない。

② 不正期間は，10年から40年に及ぶ。長期化する原因は，品質保証業務が専門的であり，ブラックボックス化すること，そして，担当者が長期間固定化することにある。

③ 不正がシステム化される。検査測定にねつ造をもたらすプログラムが組み込まれるなどである。

④ 三様監査で品質不正が発覚するケースは少ない。

⑤ 本社マネジメントが関与・認識していないケースが多い。

特徴の5つ目に「本社マネジメントは品質不正を認識していない」という点が挙げられています。多くの場合，そのとおりかもしれませんが，現場が不正を犯す背景の多くには，経営者からの強いプレッシャー（短い開発期間や短期利益志向など）があります。

本節では，品質管理に関する基本的なプログラムを紹介していますが，是非，これらを参考に自社向けのプログラムに改良してください。

3-1. 品質保証システム　Quality Assurance System

3-1-1	（国際標準） ISO 9001が認証されていることを確認しなさい。ISO更新審査の際に審査員から指摘された問題点を現地の品質保証責任者に尋ねなさい。 （Global Standards） Ensure that ISO 9001 is certified. Ask the local quality assurance manager about the issues pointed out by the auditor during the ISO renewal audit.
3-1-2	（品質保証のためのシステム） ISO 9001の認証がない場合は，以下のポイントを調査し，品質保証（QA）

のための適切なシステムが整備されていることを確認しなさい。

　ⅰ）　方針と手順：

　　　QAシステムは，組織内の品質保証活動を進めるための包括的な
　　　ポリシーと手順によって支えられます。これらは，業界固有の標
　　　準と顧客の期待を満たすように作成されます。

　ⅱ）　プロセスとリソース：

　　　QAには，品質を維持するために必要なさまざまなプロセスを整
　　　備し，リソースを割り当てなければなりません。これには，プロ
　　　セス品質保証，法令遵守，製品品質保証およびサプライヤー品質
　　　保証などがあります。

　ⅲ）　品質管理（QC）および品質管理システム（QMS）：

　　　QAシステムには，多くの場合，QCとQMSが含まれます。QAは
　　　プロセスが品質基準を満たすことに重点を置いていますが，QCは
　　　最終製品を検査およびテストして欠陥がないことを確認すること
　　　を含みます。QMS は，包括的な品質管理を保証するために，QA
　　　とQCの両方を含むより広範なフレームワークです。

(System for Quality Assurance)

If ISO 9001 is not certified, check the following points to ensure that an appropriate system for quality assurance（QA）is in place:

ⅰ）　Policies and Procedures —

　　QA systems are supported by comprehensive policies and procedures that guide the quality assurance activities within an organization．　These are tailored to meet industry-specific standards and customer expectations.

ⅱ）　Processes and Resources —

　　To maintain quality, various processes must be set up and resources must be allocated．　This includes process quality assurance, regulatory compliance, product quality assurance, and supplier quality assurance.

ⅲ）　Quality Control（QC）& Quality Management Systems（QMS）—

　　QA systems often encompass QC and QMS．　While QA focuses on ensuring processes meet quality standards, QC involves inspecting and testing the final products to ensure they are free from defects．　QMS provides a broader framework that includes both QA and QC to ensure comprehensive quality management.

第Ⅷ章　生産および在庫管理　*155*

3-2.　品質管理　Quality Control

3-2-1	**(初期流動管理)** 初期流動管理の手順に関する文書を入手し，次のアクティビティが含まれていることを確認しなさい。 　　ⅰ）　資材仕入先の評価と選択 　　ⅱ）　仕様の提出（生産仕様または承認済みサンプルを検査チームに提供） 　　ⅲ）　検査計画（現場またはリモートの検査とスケジュール） 　　ⅳ）　原材料とコンポーネントのレビュー 　　ⅴ）　生産設備と機械の検査 　　ⅵ）　初期製品サンプルの評価 　　ⅶ）　検査レポート（見つかった問題の指摘，是正措置の提案） 　　ⅷ）　フィードバックと是正措置 さらに，これらのアクティビティの記録が保管されていることを確認しなさい。 <hr> **(Initial Production Control)** Obtain documents of procedures for Initial Production Control（"IPC"）and verify they include the following activities: 　　ⅰ）　Supplier Assessment and Selection, 　　ⅱ）　Submission of Specifications（Providing the production specifications or approved samples to the inspection team), 　　ⅲ）　Inspection Planning（Inspection onsite or remote, and schedule) 　　ⅳ）　Raw Materials and Components Review, 　　ⅴ）　Production Equipment and Machinery Inspection, 　　ⅵ）　Initial Product Sample Evaluation, 　　ⅶ）　Inspection Reporting（Highlighting any issues found and providing recommendations for corrective actions), and 　　ⅷ）　Feedback and Corrective Actions In addition, verify that records of these activities are kept.
3-2-2	**(変更点管理)** 工場責任者に変更管理のルールがあるかどうか尋ねなさい。変更管理の記録を入手し，記録に次の内容が含まれていることを確認しなさい。 　　ⅰ）　変更日

ii) 提案された変更（４Ｍ分類とプロセス名）

iii) 変更の理由

iv) 変更による影響とリスク

v) 評価

vi) 品質試験方法

vii) 品質確認者と承認者

viii) 変更が意図したとおりに機能することを確認するための検査パス

（Change Control）

Ask the factory manager whether they have rules of change controls. Obtain records for the change controls and verify the records include:

i) Change date

ii) Proposed change, including 4 M classification, process name

iii) Reason for the change

iv) Impact and risks associated with the change

v) Assessment

vi) Quality test method

vii) Quality inspector and approver

viii) Inspection pass to ensure the change works as intended

3-2-3 （設計FMEA）

設計FMEA のマニュアルおよび記録を査閲し，社内の公式手続に沿ったFMEA活動が行われていることを確認しなさい。

（注） 故障モード影響解析（FMEA）は，製品設計や生産工程における潜在的な故障を特定して評価するための体系的な方法です。「設計FMEA」と「工程FMEA」に分類されます。1940年代に米国の軍隊で始まった方法です。 故障のケースとその影響を分析することで信頼性を高められます。FMEA の主要点は，次のとおりです。

i) 故障モード──コンポーネントまたはプロセスが故障するケースを特定しておくと，潜在的な故障点を理解できます。

ii) 影響分析──各故障モードの結果を調査して，システムまたは製品への影響を評価します。重大度，頻度，および検出可能性に基づき，故障の優先順位付けを行います。

iii) リスク低減──潜在的な故障リスクを低減または除去するためのアクションを優先順位付けすれば，優先度の高いリスクに焦点を合わせられます。

（Design FMEA）

Review manuals and records of Design FMEA to verify that the company's FMEA activities are being carried out in accordance with internal official procedures.

(Note) Failure Mode and Effects Analysis (FMEA) is a systematic method used to identify and evaluate potential failures in products or manufacturing processes. There are two main categories of FMEA (i.e. Design FMEA and Process FMEA). Originating in the 1940s with the U.S. military, FMEA aims to enhance reliability by analyzing the ways in which a system might fail and the effects of those failures.

Key features of FMEA are as follows:

ⅰ) Failure Modes - These are the different ways in which a component or process might fail. Identifying these modes helps in understanding potential points of failure.

ⅱ) Effects Analysis - This involves studying the consequences of each failure mode to assess their impact on the system or product. The analysis helps prioritize failures based on their severity, frequency, and detectability.

ⅲ) Risk Mitigation - FMEA is used to prioritize and implement actions to reduce or eliminate the risks associated with potential failures. This involves focusing on high-priority risks first.

3-2-4 | **（工程FMEA）**
工程FMEAのマニュアルおよび記録を査閲し，社内の公式手続に沿ったFMEA 活動が行われていることを確認しなさい。

（Process FMEA）
Review manuals and records of Process FMEA to verify that the company's FMEA activities are being carried out in accordance with internal official procedures.

3-2-5 | **（安全基準・保安規則）**
製品の安全・保安に関する現地の基準および規則について，現地の品質管理責任者に質問し，あるいは，関連文書を閲覧し，子会社として安全基準や保安規則へ遵守していることを確認しなさい。

（Safety Standards and Regulations）
Ask the local quality control manager about local standards and regulations regarding product safety, or review the relevant documents, and confirm that the subsidiary is complying with safety standards and regulations.

3-2-6	**（QC工程表）** QC工程表を入手して，プロセスの平均値としての中心線と，上限および下限の管理限界を確認しなさい。さらに，実績記録を入手して，プロセスの安定性を監視していることを確認しなさい。 　（注）　QC工程表は，管理チャートまたはシューハートチャートとも呼ばれ，品質管理でプロセスが時間の経過とともに，どのように変化するかを監視するために使用されるグラフ・ツールです。プロセスの安定性を評価し，問題発生の可能性のある変動を識別することができます。 **（QC Chart）** Obtain quality control charts to confirm the central line as average value of the process and upper and lower control limits. In addition, obtain the records to confirm that they are monitoring the process stability. 　（Note）　A quality control chart, also known as Shewhart chart, is a graphical tool used in quality management to monitor how a process changes over time. It helps in evaluating process stability and identifying variations that may indicate problems.
3-2-7	**（ポカヨケ）** 工場視察時に，どのようなポカヨケが生産ラインに実装されているかを製造ライン責任者に尋ねなさい。生産ラインにポカヨケ対策がない場合は，それを特定しなさい。 　（注）　ポカヨケの例は次のとおりです。 　　　ⅰ）　組立ラインでのエラー防止――組立ラインでの誤った組み立てや誤った部品の配置などを防止するためのセンサーや自動化システム 　　　ⅱ）　色分けと視覚的仕掛け――正しい組み立てを確実にし，エラーを減らすための部品やプロセスの色分け（色分けされたワイヤなど） 　　　ⅲ）　ポカヨケ装置――誤った方向への部品組み立てなどを防ぐためのガイドや治具などの装置導入 　　　ⅳ）　自動化と機械化――人的エラーの排除を目的として，繰り返し作業を正確に実行する機械の導入やプロセスの自動化 　　　ⅴ）　エラー検出システム――エラーを検出してそれ以上の処理を防ぐためのセンサーなど **（Fool-proofing）** During the factory tour, ask the line managers what fool-proofing are in place on the production lines. If the production lines do not have fool-

第Ⅷ章　生産および在庫管理　　*159*

proofing measures, identify them.

(Note)　Examples of fool-proofing are as follows:

ⅰ）Error-Proofing in Assembly Lines - Use of sensors and automated systems to prevent errors in assembly lines, such as incorrect assembly or component placement.

ⅱ）Color Coding and Visual Cues - Using color coding for parts and processes（i.e. color-coded wires）to ensure correct assembly and reduce errors.

ⅲ）Poka-Yoke Devices - Implementing simple devices that prevent errors, such as guides or jigs that ensure parts are assembled in the correct orientation.

ⅳ）Automation and Mechanization - Automating processes to eliminate human error, such as using machines to perform repetitive tasks with precision.

ⅴ）Error Detection Systems - Implementing systems that detect errors and prevent further processing, such as sensors.

3-2-8

（異常管理）

生産ラインや生産活動における異常発生時の対応ルール（現場リーダーへの報告，電源オフ，空気圧回路内の残圧開放など）を確認しなさい。また，異常発生の記録を閲覧し，製品のトレーサビリティが確保されていることを確かめなさい。

（Abnormality Management）

Review rules（e.g. reporting to the production site leader, turning off the power, releasing residual pressure in the pneumatic circuit, etc.）for dealing with abnormal occurrence in production lines or activities. And, verify that records of abnormalities are kept to ensure product traceability.

3-2-9

（警報システム_行灯）

工場を視察し，視覚的・聴覚的な警報システム（アンドン）が設定されていることを確認しなさい。

（注）アンドンは，生産工程で発生した問題を作業員と管理者に知らせます。欠陥が検出されると生産が停止されます。問題に即座に対応できるため，欠陥が生産ラインの下流に移動するのを防ぎます。後で修正するよりもコストを低減できます。

（Real-time Alart System_ "Andon"）

Observe the factory floors to verify that visual and audible alert systems

("Andon") have been set.

(Note) Andon can notify workers and management of a problem in the production process. Andon empowers workers to stop production when a defect is detected. It allows for immediate attention and resolution of problems. Therefore, it prevents defects from moving further down the production line, which can be less costly than fixing them later.

3-2-10

(特採)

工場に「特別採用（特採）」に関するルールがあることを確認し，特採の記録を査閲しなさい。

(注) 「特別採用（特採）」とは，特定の要件を満たさない製品を使用または出荷するために付与される正式な許可です。特定の数量・期間・使用など，特定条件のみに付与されます。これは，不適合製品を管理するためのプロセスであり，全体的な品質基準を損なうことなく，定められた状況下で引き続き使用できることを保証します。特採プロセスには，体系化された承認手続があり，サプライヤーは宣言された仕様からの逸脱について顧客に承認を要求します。このプロセスにより，透明性と適切な逸脱管理が確保され，サプライヤーの品質を向上させるための長期的な是正措置が可能になります。

(Concession/ Waiver)

Confirm that the factory has a rule regarding the "concession/waiver", and review the records of concession cases.

(Note) "Concession" refers to a formal permission granted to use or release products that does not meet specified requirements. This permission is typically limited to certain conditions, such as a specific quantity, time frame, or use. It is a controlled process used to manage non-conforming products, ensuring that they can still be utilized under defined circumstances without compromising overall quality standards. The concession process involves a structured approval mechanism where the supplier requests approval from the customer for a component that deviates from the declared specifications. This process ensures transparency and proper management of deviations, allowing for corrective actions to improve supplier quality in the long term.

3-2-11

(不良品発生の根本原因分析)

不良品が頻繁に発生する背景にはさまざまな原因があります。たとえば，技術的に困難な製品開発，時間的余裕のない無理な量産立ち上げ，アップダウンの激しい不安定な生産，慢性的な技術者不足などです。不良品の発

第Ⅷ章　生産および在庫管理　　*161*

生状況を工場責任者に尋ね，あるいは，不良品の発生報告書を査閲し，上記のような原因がないかどうか，工場責任者と議論しなさい。

(Root Cause Analysis of Defective Products)

There are various reasons behind the frequent occurrence of defective products, such as technically difficult product development, rushed ramp-up of mass production, and unstable production with many ups and downs, chronic shortage of engineers, etc. Ask the factory manager about the occurrence of defective products, or review the reports on defective products, and discuss with the factory manager whether the above reasons exist.

3-2-12	(不良品のクレーム対応)

不良品に関する顧客からのクレーム対応に関する社内手順書が整備されているかどうかを現地の品質管理マネジャーに質問しなさい。手順書をレビューし，以下の代表的なステップが盛り込まれていることを確認しなさい。

　　ⅰ）　1次対応──不良に関する情報を集め，問題を徹底的に調査することを顧客に伝達するステップ。

　　ⅱ）　調査・評価──クレームの妥当性を判断するための調査ステップ。たとえば，生産記録の確認，品質管理プロセスのレビュー，原材料の分析，検査のための不良品の返品要求など。製造上の欠陥と顧客による潜在的な誤用を区別して責任を評価します。

　　ⅲ）　解決策──クレームが正当な場合，修理や交換など，会社方針に沿って対応するステップ。深刻なケースや安全上のリスクがある場合は，製品リコールの開始を検討。

　　ⅳ）　フォローアップ──顧客へ正式に回答するステップ。状況を修正するために講じている手順を説明します。

　　ⅴ）　予防と改善──不良の根本原因を分析するステップ。将来同様の問題が発生するのを防ぐための是正措置を実施し，スタッフを再教育します。

　　ⅵ）　ナレッジ・マネジメント──調査結果や提案された解決策など，不良への対応で実行したすべての手順を過去トラブルとして，文書化・保存するステップ。

(Responses to customer claims about defective products)

Ask the local quality control manager if there are procedures in place for responding to customer claims about defective products. Review the company's procedures to ensure that they include the following typical steps:

i) 1st Response——a step to gather information about the claims and inform the customer that they will investigate the matter thoroughly.

ii) Investigation and Assessment——a step to conduct a thorough investigation to determine the validity of the claim, including check of production records, review of quality control processes, analysis of raw materials, and request for the return of the defective product for inspection. This step includes assessment of liability by differentiating between manufacturing defects and potential misuse by the customer.

iii) Remediation——a step to respond in line with company policies if the claim is valid, such as repair or replacement. For severe cases or safety risks, it is necessary to consider initiating a product recall.

iv) Follow-up——a step to prepare a formal response to the customer and explain the response being taken to rectify the situation.

v) Prevention and Improvement——a step to conduct a root cause analysis. This step includes prevention of similar issues in the future and retrain staff.

vi) Knowledge Management——a step to document/store all steps taken in responding to the claim as past troubles, including investigation findings and resolutions offered.

3-3. 品質試験　Quality Testing

| 3-3-1 | **（信頼性試験）**
信頼性試験が行われていることを確認しなさい。
　　（注）「信頼性試験」は，製造された製品の一貫したパフォーマンスと耐久性を指定された条件下で評価し，保証する体系的なプロセスです。

（Reliability Test）
Investigate whether reliability testing is performed.
　　（Note）"Reliability Testing" is a systematic process used to evaluate and |

	ensure the consistent performance and durability of manufactured products under specified conditions.
3-3-2	（故障試験） 故障試験が行われていることを確認しなさい。 　（注）　「故障試験」は，製品を意図的に極端な条件にさらして弱点や脆弱性を特定する試験です。 （Failure Test） Investigate whether failure testing is performed. 　（Note）　"Failure Testing" involves deliberately subjecting a product to extreme conditions to identify weaknesses or vulnerabilities.

■本節に関連する監査報告書の例

　本節冒頭に紹介した寄稿「昨今の品質不正事案の動向と企業としての対応」では，「品質不正は，不正期間が長い」と述べられていました。不正が一旦定着すると，不正が行われている状態を普通と感じる社員が多くなります。仮に不正に疑問を抱く者がいたとしても，上司や同僚の不評を買ってまで「声を上げよう」という気にはなり難いものです。そのような雰囲気となった組織は，風土を改善するのに長い時間が必要となります。

　監査で品質不正を見つけることは容易ではありませんが，品質不正が起こりうる状況であれば，監査役は根気よく調査し，関係者を説得していくべきです。

　下記は，品質評価におけるリスクを指摘した報告文例です。

Risk assessment in FMEA should be carried out by considering the history of defects:

Fact —
According to the group rules, it is required to carry out the following steps in releasing new product models:
1 ）　Setup (definition of stakeholders and scope)
2 ）　Configuration (definition of functions and all the possible failure for each function, and identification of all the consequences for each failure)
3 ）　Risk Assessment (definition of severity scale, occurrence possibility and possibility of failure detection, and assessment of risk for each failure mode)

4) Implementation（prioritization and development of action plans）

According to the FMEA documents for the new model # 123-002, all defined failures were assessed as lowest possibility of occurrence. However, when the company released model #123-001, which was similar to #123-002, the company suffered huge losses due to product returns caused by malfunctions.

The model #123-002 was developed over 6 months, while other models typically take 12 months to develop.

Risks —
The model #123-002 has similar functions to #123-001, which was returned due to failure. However, the FMEA work rated #123-002 as having the "lowest" probability of failure. The risk may be underestimated. This risk assessment may have been carried out without sufficient time being allotted for FMEA work.

Recommendation and Information to the Headquarters —
We recommend the FMEA work team that the risk assessment in FMEA is carried out by considering the history of defects. In addition, we inform the management of the parent company that the engineers are not granted enough development time and there is a risk that quality assurance processes are carried out perfunctorily.

Management Comments（Response to the Recommendation） —
I do not agree with your recomendation. We carried out the risk assessment carefully. Our risk assessments are not perfunctory.
（Mr. xxxx, FMEA manager）

（参考訳）
FMEAにおけるリスク評価について

背 景 —
グループルールによると，新しい製品モデルをリリースする際には，次の手順を実施することとされています。
1 ） セットアップ（ステークホルダーと範囲の決定）
2 ） 構成（機能と各機能の潜在的障害の決定，および各障害による結果の識別）
3 ） リスク評価（深刻度・発生可能性・障害検出の可能性の決定，および各障害モードのリスク評価）

第Ⅷ章　生産および在庫管理　　*165*

　4）　実行（優先順位付けとアクションプランの作成）

新モデル#123-002のFMEA文書によると，定義されたすべての故障は発生可能性が「最も低い」と評価されていました。しかし，当社が#123-002に類似したモデル#123-001をリリースした時には，故障を原因とする製品の返品で大きな損失を被ったことがありました。

モデル#123-002は6か月かけて開発されましたが，他のモデルは通常開発に12か月かかります。

リスク ―
モデル#123-002は，故障のため返品された#123-001と同様の機能を備えています。しかし，FMEAの作業チームでは，#123-002の故障の可能性は「最も低い」と評価していました。リスクが過小評価されているおそれがあります。このリスク評価は，FMEA作業に十分な時間が割かれずに実行された可能性があります。

改善提案および本社への連絡事項 ―
FMEAにおけるリスク評価は過去の故障履歴を考慮して実施すべきことを，FMEA担当者に対し提案します。また，親会社の経営陣に対しては，技術者に十分な開発時間が与えられず，品質保証プロセスが形式的に行われているリスクがあるかもしれないことをお伝えしておきます。

マネジメント・コメント（改善提案に対する現地経営者の回答）―
ご提案には同意できません。私たちはリスク評価を慎重に実施しました。我々のリスク評価は，おざなりなものではありません。
（FMEA担当 xxx氏）

4.　在庫管理　Inventory Control

　在庫が増えると，保管費用がかさんだり，品質が劣化したりする問題が発生します。逆に在庫が減り過ぎると，顧客の受注に対応できなかったり，緊急増産のための残業代や緊急出荷のための航空運搬費用などが発生したりするリスクが高まります。

　本節では，在庫の現品管理や在庫の適正水準・適正評価などに対する監査プ

ログラム例を紹介しています。

4-1. 現品管理　Physical Control

4-1-1	**（現品管理）** 工場および倉庫を視察する際，資材および製品のすべてに札が貼られ，品番，品名，日付，数量，保管場所およびバーコードでコントロールされていることを確認しなさい。 **（Physical Inventory Control）** When touring the factories and warehouses, confirm that all physical materials and products are tagged and controlled with product numbers, product names, dates, quantities, location and bar codes.
4-1-2	**（FIFO）** 倉庫にパレットが詰め込まれ過ぎると，奥に置かれた在庫の払い出しが困難となります。在庫の「先入れ先出し（FIFO）」が物理的に可能かどうか，倉庫を視察しなさい。 **（FIFO）** If a warehouse is packed with too many pallets, it becomes difficult to bring out the inventories stored at the back. Inspect the warehouse to see if it is physically possible to carry out "first-in first-out（FIFO）".
4-1-3	**（危険物の保管）** 倉庫を視察し，以下の点を確認しなさい。 ・有毒化学物質は施錠されたキャビネットに保管していること ・腐食性物質および酸は人の目線より下に設置された専用キャビネットに保管していること ・可燃物は専用のキャビネットに保管していること ・危険な反応が起こることを防ぐため，相性の悪い化学物質をそれぞれ隔離していること ・専用の保管所が作業スペースから離れていること ・換気システムが稼働していること ・消火システムが設置されていること ・温度管理されていることなど **（Storage of Hazardous Materials）** Inspect warehouses to ensure that:

第Ⅷ章　生産および在庫管理　　*167*

・toxic chemicals are stored in locked cabinets;

・corrosives and acids are stored below eye level in dedicated cabinets

・flammables are stored in dedicated cabinets;

・incompatible chemicals are segregated to prevent dangerous reactions;

・dedicated storages are away from work spaces;

・ventilation systems are in place;

・fire suppression systems are installed;

・temperature is controlled; and etc.

4-1-4	**（実地棚卸）**

在庫管理者に実地棚卸を実施したかどうかを尋ね，関連レポートを査閲して，次の情報が含まれていることを確認しなさい。

ⅰ）　実地棚卸日

ⅱ）　棚卸チーム（カウント担当と立会者）

ⅲ）　実地棚卸の方法（リスト方式またはタグ方式）

ⅳ）　在庫台帳と実際カウント数との差異の分析

ⅴ）　差異がどのように会計処理されたか

ⅵ）　陳腐化品の情報（ある場合）

（Physical Inventory Taking）

Ask the inventory manager if a physical inventory has been conducted, and review its report to ensure that it includes the following information:

ⅰ）　Date of physical inventory

ⅱ）　Inventory team (i.e. inventory counters and observers)

ⅲ）　Method of physical inventory (list or tag)

ⅳ）　Analysis of discrepancies between inventory ledger and actual counts

ⅴ）　How the discrepancies were accounted for

ⅵ）　Information on obsolete goods, if any.

4-2.　在庫管理　Inventory Control

4-2-1	**（在庫水準の最適化）**

現地の在庫管理者に次の質問を尋ねなさい。

ⅰ）　在庫切れ，過剰在庫，陳腐化などの問題を回避し，保管コストを最小限に抑えるという目標を達成するための在庫管理プロセスがあ

るかどうか。

　ⅱ）　在庫が過多にならないよう，また，過少にもならないようにするため，どのような手法やツールを使用しているか。

(Optimization of Inventory Level)

Ask the following questions to the local inventory manager:

　ⅰ）　whether they have a process of controlling inventory levels to avoid issues like stockouts, overstocking, and obsolescence, and to achieve the goal of minimizing storage costs.

　ⅱ）　what techniques or tools they use to achieve a balance between too much and too little inventory.

4-2-2	(動きの遅い在庫) 在庫の年齢分析リストを閲覧しなさい。回転率の低い在庫（製造プロセスに投入されるまでに長い時間がかかる原材料や，販売までに長い時間がかかる完成品など）がある場合は，現地の在庫管理者にそれらの処理または処分の計画について尋ねなさい。 (Slow-moving Inventories) Review the inventory ageing lists. If they have inventories with low turnover rates (i.e. raw materials that take a long time to input into manufacturing process or finished goods that take a long time to sell), ask the local inventory manager about plans for handling or disposing of them.
4-2-3	(最小発注数量が設定されている仕入原材料) 最小発注数量（MOQ）が設定された仕入原材料のうち，長期間に渡って少しずつ生産に投入されるものは，長期間保管することになります。倉庫を視察し，そのような原材料を保管するための倉庫スペースにコストがかかりすぎていないかを確認しなさい。 (Purchased Raw Materials with MOQ) Purchased raw materials with minimum order quantities (MOQ) that are put into production over a long period of time require long-term storage. Inspect the warehouse to see if warehouse spaces to store these raw materials are too costly.
4-2-4	(原材料の過剰購入) 工場に大量の原材料が廃棄された履歴がある場合，完成品のライフサイク

ルを考慮せずに原材料を過剰に購入してしまったなど，不適切な購入を行っているおそれがあります。工場責任者に原材料の廃棄履歴および購入計画の立て方について尋ねなさい。

(Excessive Purchase of Raw Materials)
If the factory has a history of wasting large amounts of raw materials in the past, it may be engaging in inappropriate practices, such as over-purchasing raw materials without considering the lifespan of the finished product. Ask the factory manager about the history of raw material disposals and raw material purchasing plans.

■本節に関連する監査報告書の例

在庫は，会計帳簿に計上されている金額どおりの価値があるとは限りません。販売価格が原価割れし，評価を引き下げるべきものがあるかもしれないからです。また，陳腐化して売れないものもあるかもしれません。

下記は，在庫評価の問題点を指摘した報告文例です。

Inventory allowances should be recorded strictly based on age analysis:

Fact —
The accounting policy requires that the inventory allowances are calculated based on the age analysis of the inventories. The following table shows the age analysis of products and our estimated allowance as of March 31, 20x4:

(Thousands of $)	0 -90 days	91-180 days	181-365 days	Over 1 year	Total
Finished Products (a)	10,000	2,000	800	200	13,000
Provision Rate (b)	0 %	25%	50%	100%	—
Allowance based on our calculation (a * b)	0	500	400	200	1,100

The allowance amount should be $1,100 thousand according to our calculation, but in the company's accounting records, it was only $1,050 thousands, resulting in a difference of $50 thousand between our calculation and the company's book.

The accounting manager told us that some of the finished products classified as "Over 1 year" are considered "sellable" based on information from the sales manager, so no inventory allowance was provided for them.   After investigating this matter, we found that there was no document supporting the sales manager's determination that the finished goods were sellable.

Problem —
The accounting policy regarding inventory allowances has not been fully implemented.

Recommendation —
We recommend that your company adheres to your accounting policy for the inventory allowances.

Management Comments（Response to the Recommendation） —
I agree with your recommendation. We will follow the accounting policy. If there is an exception from the policy, we will provide a supporting document. （Mr. xxxx, local CEO）

(参考訳)
在庫引当金の計上不足について

背 景 —
会計方針では，在庫引当金は在庫の年齢分析に基づいて計算することとされています。次の表は，20x4年3月31日現在の製品年齢分析と我々の在庫引当金の試算を示しています。

（千ドル）	0-90日	91-180日	181-365日	1年超	合計
製品（a）	10,000	2,000	800	200	13,000
引当率（b）	0％	25%	50%	100%	—
引当金推計（a＊b）	0	500	400	200	1,100

我々の計算によると，引当金の額は1,100千ドルになるはずですが，会社の会計帳簿では1,050千ドルしかなく，我々の計算と会社の帳簿の間には50千ドルの差があります。

経理マネジャーによると，「1年以上」に分類された完成品の一部は営業マネジャー

からの情報に基づき、「販売可能」と判断されたため、在庫引当金は設定されなかったとのこと。この件について調査を行った結果、営業マネジャーがその完成品を販売可能と判断した裏付け文書がないことがわかりました。

問題点 ——
在庫引当に関する会計方針が完全には実行されていません。

改善提案 ——
在庫引当に関する会計方針を厳守すべきです。

マネジメント・コメント（改善提案に対する現地経営者の回答）——
ご提案に同意します。会計方針を順守します。仮に会計方針からの例外処理がある場合は、裏付けとなる文書を準備します。
（現地CEO xxx氏）

固定資産管理

Management of Tangible and Intangible Assets

固定資産管理とは，会社が所有する（あるいはリースされている）長期性の資産をライフサイクル全体にわたって追跡，監視および保守するプロセスです。固定資産の使用場所，使用状況，移動，アップグレードなどを監視し，簿価や減価償却費などを計算・記録し，スケジュールに基づくメンテナンスを実行した上で，資産のパフォーマンスを最大化して耐用年数を延ばします。

1. 現物管理／保全　Physical Control/Safeguard

1-1. 固定資産台帳　Tangible and Intangible Asset Ledger

1-1-1	（台帳の作成） 固定資産台帳が作成されていることを確かめなさい。 (Preparation of Ledger) Ensure that an asset ledger is prepared.
1-1-2	（台帳における情報） 資産台帳をレビューし，必要な情報が台帳に含まれていることを確認しなさい。たとえば，各資産の識別番号，資産内容，使用場所，取得日，取得原価，減価償却率，耐用年数，減価償却費，減価償却累計額，簿価，その他（貸与，リース，未使用）などです。

	(Information in the Ledger) Review the asset ledger to ensure that the ledger contain necessary information, such as identification number, description of nature, location of installation, acquisition date, acquisition cost, depreciation rate, useful life, depreciation expense, accumulated depreciation, net book value, other（lent, leased, unused, etc.）of each asset.
1-1-3	（総勘定元帳との照合） 資産台帳の残高が少なくとも年に1回は総勘定元帳と照合されているかどうかを経理チームに尋ねなさい。 (Reconciliation to G/L) Ask the accounting team whether the balances in the asset ledger are reconciled to the general ledger at least annually.
1-1-4	（登録の変更） 資産の新規購入，除却，処分，設置場所の変更など，資産台帳の登録を更新するプロセス・フローがあるかどうかを経理マネジャーに尋ね，フロー文書をレビューしなさい。 (Change in Registration) Ask the accounting manager if there is a process flow for updating the asset ledger registration, including new purchases, retirements, disposals, change of installation sites, and review the flow documents.

1-2. 有形固定資産の保全　Safeguard of Tangible Assets

1-2-1	（IDシール） 識別番号シールが各資産に貼付されていることを確かめるため，工場やオフィスにある有形固定資産をサンプル検査しなさい。 (ID Tags) Conduct a sample inspection of tangible assets in factories and offices to ensure that each asset is tagged with an identification number.
1-2-2	（現物チェック） 資産の現物チェックが少なくとも年1回実行されていることを確かめるため，現物確認した時の関連資料をレビューしなさい。

	(Physical Inspection) Review relevant documentation of physical inspection to verify that physical checks of assets are performed at least once a year.
1-2-3	**(社外に設置された資産)** 会社が管理していない資産（貸与した資産や社外に設置された資産など）については，「受領証」を取得していることを確認しなさい。また，保管に伴うリスクを負うべき当事者が受領書や契約書に明記されていることを確認しなさい。 (Assets installed outside the company premises) For assets not in the custody of a company (e.g. lent assets, assets installed outside of company premises, etc.), verify that the company has obtained "receipt acknowledgements". Also, ensure that the receipts or contracts clearly state the party who should bear the risks associated with storage.
1-2-4	**(建設仮勘定)** 「建設仮勘定」の記録を査閲し，長期間，建設仮勘定のままとなっているプロジェクトがないことを確認しなさい。また，各プロジェクトが予算とスケジュールどおりに完了する見込みかどうかを現地の経理マネジャーに聴取しなさい。 (Construction in Progress) Review records of "Construction in Progress (CIP)" to ensure that no projects have remained in the CIP account for a long time. Also, ask the local accounting manager whether projects are likely to be completed on budget and on schedule.

■本節に関連する監査報告書の例

　固定資産の現物チェックを行うことによって，資産が良い状態で保全されているのかどうか，盗まれていないかどうかなどがわかります。固定資産の現物チェックは，結果が毎回同じであることが多いため，実施することに疑問を抱く社員もいます。そのため，徐々にいい加減なやり方が定着してしまうこともあります。

176

　以下は，固定資産の現物チェック方法に関する問題点を指摘した報告書の文例です。

100% or rotational inspection should be conducted rather than sample inspection:

Fact —
The company conducts inspection of tangible assets twice a year. Based on our review of the inspection sheets, we found that some assets had not been inspected. The local CFO told us that the company uses sample inspection rather than 100% inspection.

We selected 10 assets from the asset ledger on a haphazard basis to investigate whether they had been inspected. Based on this investigation, we found that 2 of them had not been inspected for 3 years.

Risk —
If physical inspection of some tangible assets has not been conducted for a long time, the following problems can occur:
　・The company may be carrying "ghost assets" on its books that no longer exist, but are still recorded in the asset ledger.
　・Conversely, there may be "zombie assets" that exist, but are not recorded in the books.

Recommendation —
We recommend that the company conducts 100% or rotational inspection rather than sample inspection.

Management Comments (*Response to the Recommendation*) —
I agree. We will conduct rotational inspection to ensure that all assets are inspected at least once a year.
(Mr. xxxx, local CFO)

（参考訳）
有形固定資産の現物チェック方法について

背　景 —
会社は，有形固定資産の現物チェックを年に２回実施しています。現物チェック表

第Ⅸ章　固定資産管理　　*177*

を調べたところ，一部の資産がチェックされていないことがわかりました。現地の
CFOによると，会社は全数検査ではなくサンプル検査を採用しているとのことで
した。

資産台帳から無作為に資産10件を選び，現物チェック済みかどうかを調査したとこ
ろ，そのうち2件は，3年間で一度も現物チェックされていないことがわかりまし
た。

リスク ──
有形固定資産の一部が長期間，現物チェックされていない場合，次のような問題が
発生するおそれがあります。
　・「ゴースト資産」があるかもしれません。つまり，もはや存在しない資産が依
　　然，固定資産台帳に残っている可能性があります。
　・逆に，「ゾンビ資産」があるかもしれません。つまり，資産が実際に存在して
　　いるにもかかわらず，台帳に記録がない可能性があります。

改善提案 ──
サンプル・チェックではなく，全数チェックまたはローテーションのチェックを実
施すべきです。

マネジメント・コメント（改善提案に対する現地経営者の回答）──
同意します。すべての資産が必ず1年に1度は棚卸の対象になるようなローテー
ションの棚卸を実施します。
（現地CFO xxx氏）

2.　取得・除却・処分　　Acquisition, Retirement and Disposal

2-1.　取得および資本的支出　　Acquisition and Capital Expenditures

2-1-1	（取得手続） 固定資産の取得に関する社内手続が定められていることを確認しなさい。 （Acquisition Procedures） Ensure that internal procedures are in place for acquiring tangible and intangible assets.
2-1-2	（取得申請書）

資産台帳から今年度新たに購入した資産を5つ選択し，それらの取得申請書が作成されていることを検証しなさい。

（Application Form）
From the asset ledger, select 5 new assets that were purchased this year and verify that acquisition applications for them have been prepared.

2-1-3	（相見積り） 上記の監査プログラムで選択された5つのサンプルを使って，複数の発注先候補から見積りが取得されていること，および，選定の結果が添付されていることを確認しなさい。 （Competitive Quotations） Using the 5 samples selected in the audit program above, verify that quotations have been obtained from multiple potential suppliers and that the bid results are attached.
2-1-4	（発注先の選定） 上記の監査プログラムで選択された5つのサンプルを使って，取得申請書を査閲し，資産の技術仕様と購入契約条件がサプライヤー選定前に決定されていることを確認しなさい。 （Supplier Selection） Using the 5 samples selected in the audit program above, review their acquisition forms to ensure that technical specifications for the assets and terms in the purchase contracts were determined prior to supplier selection.
2-1-5	（取得の承認） 上記の監査プログラムで選択された5つのサンプルを使って，取得申請書を査閲し，取得が承認者によって承認されていることを確認しなさい。資産購入を承認する前に，資本的支出や投資の実現可能性（長所・短所，投資収益率など）を分析したかどうか，また資金調達を検討したかどうかを承認者に尋ねなさい。 （Approval for Acquisition） Using the 5 samples selected in the audit program above, review their acquisition forms to ensure that the acquisitions have been approved by

第Ⅸ章　固定資産管理　*179*

	the approving officer. Before approving the asset purchase, ask the approving officer if they have analyzed the CAPEX/investment feasibility (pros/cons, return on investment etc.) and if they have considered financing.
2-1-6	（資産化の方針・基準値） 購入した物が資産として分類されるか費用として分類されるかを判断するための方針と基準値が子会社にあることを確認しなさい。 （Capitalization Policy/Threshold） Ensure that the subsidiary company has policies and thresholds for determining whether purchases are classified as assets or expenses.
2-1-7	（償却ルール） 子会社に償却ルールがあることを確認しなさい。 （Rule for Depreciation/ Amortization） Ensure that the subsidiary company has a rule for depreciation/ amortization.

2-2.　除却・処分　Retirement and Disposal

2-2-1	（除却・処分手続） 固定資産の除却・処分に関する社内手続が定められていることを確認しなさい。 （Retirement/Disposal Procedures） Ensure that internal procedures are in place for the retirement/disposal of tangible and intangible assets.
2-2-2	（処分申請書） 資産台帳から今年度新たに処分した資産を5つ選択し，それらの処分申請書が作成されていたことを検証しなさい。 （Application Form） From the asset ledger, select 5 assets that were disposed this year and verify that disposal applications for them have been prepared.
2-2-3	（相見積り）

複数の売却先候補から見積りが取得されていたかどうかを調査するため，上記の監査プログラムで選択された5つのサンプルについて，見積書や相見積りの結果が添付されていることを確認しなさい。さらに，処分した資産の写真が申請書に添付されていることを確認しなさい。

(Competitive Quotations)
To investigate whether quotations were obtained from multiple potential buyers, ensure that quotations and bid results are attached to the 5 samples selected in the above audit program.　Also, ensure that photographs of the disposed assets are attached to the samples.

| 2-2-4 | (処分の承認)
上記の監査プログラムで選択された5つのサンプルを使って，処分申請書を査閲し，資産処分が承認者によって承認されていることを確認しなさい。

(Approval for Acquisition)
Using the 5 samples selected in the audit program above, review their disposal forms to ensure that the disposals have been approved by the approving officer. |

■本節に関連する監査報告書の例

　固定資産の中には，減価償却が完了し，簿価がゼロになっていても，売却価値のあるものがあります。そのような資産を廃棄したように偽ることができれば，勝手に売却して，金員を横領することが可能となります。そのような不正を防止するためには，売却価値があるのかどうかを申請者以外の者がチェックする内部統制が必要です。

　以下は，資産処分に関する管理の不備を指摘した報告書の文例です。

Retirements and disposals should be documented with photos, quotations and other supporting info/data:

Fact —
During our sample check, we found that no photos of disposed assets were

第IX章　固定資産管理　*181*

attached to the disposal application form.　The application form was issued for the disposal of a mould, and appropriately approved.　The mould was handed over to an industrial waste disposer.

Our investigation revealed that the mould was made of steel and was used in the manufacturing process to shape plastics.　Based on our research, this steal mould was available for sale to third parties.

Problem —
A valuable property was disposed of free of charge.

Recommendation —
In the case of retirement and disposal of assets, appropriate attention should be paid to the disposal process and disposal prices in order for assets not to be dumped illegally or transferred at unjustly low prices.　Also, appropriate care of the asset management should be taken in order to avoid misappropriation of assets.　The retirements and disposals should be documented with photos, quotations and other supporting info/data.

Management Comments（*Response to the Recommendation*）—
I agree.
（Mr. xxxx, local CFO）

（参考訳）
売却可能な資産の処分について

背 景 —
サンプル・チェックを行ったところ, 廃棄申請書に廃棄資産の写真が貼付されていないことが判明しました。申請書は金型の廃棄のために発行されたもので, 適切に承認されていました。金型は産業廃棄物処理業者に引き渡されました。

調査によると, 金型はスチール製で, プラスチックを成形する製造工程で使用されていました。調査によると, 金属製であるこの金型は第三者に販売可能であることが判明しました。

問題点 —
価値のある資産が無償で処分されていました。

改善提案 ―
資産の除却・処分にあたっては，資産が不法に投棄されたり不当に安い価格で譲渡されたりすることがないよう，処分方法や処分価格に注意すべきです。また，資産の不正流用を防ぐために資産管理には適切な注意を払う必要があります。除却および処分は，写真，見積書などの裏付けとなる情報やデータを貼付して文書化する必要があります。

マネジメント・コメント（改善提案に対する現地経営者の回答）―
同意します。
（現地CFO xxx氏）

3. その他資産（会員権など）　Other Assets（memberships, etc.）

「その他資産」と一口に言っても，さまざまな資産があります。たとえば，長期前払金，長期債権（貸付金や預け金），繰延税金資産，出資や会員権，知的財産権，仮勘定などです。監査では，資産の性質に応じて何をどう実施すべきなのかを検討すべきです。

本節では，会員権や出資など，海外子会社でも計上されることの多い資産に焦点を当て，それらの管理状況をチェックする監査プログラムを紹介しています。

3-1. その他資産管理　Other Asset Management

3-1-1	**（社内規則）** ゴルフ会員権などの資産購入に関する社内手続が定められていることを確認しなさい。<hr>**（Company's Rules）** Ensure that internal rules are in place regarding the purchase of assets, such as golf memberships.
3-1-2	**（購入の承認および信用調査）** 直近の購入申請書を査閲し，購入が適切に承認されていることを確認しな

第IX章　固定資産管理　　*183*

さい。購入する資産が長期的にサービス提供を受けることを保証される権利などの場合は，サービス提供者の信用情報を確認したかどうか，また，契約が締結されたかどうかを，申請書に添付されている資料によって確認しなさい。

(Approval for Purchase and Credit Research)
Review the latest purchase applications to ensure that the purchases have been approved by the approving officer. If the assets are long-term service guaranteed rights, review the supporting documentation attached to the applications to ensure that the subsidiary company has completed credit checks on the service providers and signed the contracts

3-1-3	(安全対策) 金庫や鍵付きキャビネットを点検し，契約書，会員カード，有価証券などが安全な場所に保管されていることを確認しなさい。 (Safeguard) Check safes and locked cabinets to ensure contracts, membership cards, securities, etc. are stored in secure places.
3-1-4	(管理簿) その他資産を管理するための帳簿が適切に更新されていることを確認しなさい。 (Sub-ledger for Other Assets) Verify that a sub-ledger for other assets is updated appropriately.
3-1-5	(「シート・ツー・フロア」方式および「フロア・ツー・シート」方式によるチェック) 補助元帳からその他資産をいくつか選択し，選択した物が金庫/キャビネット内に存在するか，あるいは，その一部が金庫またはキャビネットにないのかを検証しなさい（対象物の実在性テスト）。また，金庫/キャビネット内の物をいくつか選択し，選択した物が補助元帳に正確に記録されているか，あるいはその一部が補助元帳から欠落しているのかを検証しなさい（帳簿の網羅性テスト）。 (Check with "Sheet-to-Floor" and "Floor-to Sheet" approaches) Select some items from the sub-ledger, and check whether the selected

	items are present in the safe/cabinet or whether some are missing from the safe/cabinet (object existence tests). Also, select some objects in the safe/cabinet, and check whether the selected objects are accurately recorded in the sub-ledger or whether some are missing from the sub-ledger (record completeness tests).
3-1-6	(契約書や会員権等の更新) 契約書や会員権証書等を閲覧し，適時に更新されていることを確認しなさい。 (Renewal of Contracts, Membership, etc.) Check contracts, membership certificates, etc. to ensure they are updated in a timely manner.
3-1-7	(投資先のモニタリング) 会員権・預金・有価証券等への投資については，契約内容，相手方の信用状況，投資回収可能性等に細心の注意を払う必要があります。会社が投資状況を定期的に監視していることを示す書類を査閲しなさい。 (Investment Monitoring) For investment in memberships/deposits/securities…, close attention should be paid to the contract details, the credit condition of the counter-party and the recoverability of the investments. Review documents proving that the company is regularly monitoring the investment status.
3-1-8	(総勘定元帳との照合) その他資産の台帳が少なくとも年に1回は総勘定元帳と照合されているかどうかを経理チームに尋ねなさい。 (Reconciliation to the G/L) Ask the accounting team whether the other asset ledger is reconciled to the general ledger at least annually.

■本節に関連する監査報告書の例

　その他資産は，売上債権や棚卸資産とは異なり，通常の事業サイクルには現れませんので，監視を怠りがちになります。これを悪用し，会社にとって都合の悪い項目をここに組み替え，長期間放置するケースもあります。

　以下は，その他資産の不良資産化を指摘した報告書の文例です。

第Ⅸ章　固定資産管理　　*185*

The "Other" accounts should be reviewed to ensure that all balances are supported by documentation:

Fact —
During our review of the accounting records, we found a suspense account balance in "Other" account. In our interview with the accounting manager, we were informed that it was left over from previous accounting managers and was unknown as there was no supporting documentation.

When we asked the audit firm what audit procedures had been applied to this account balance, the audit firm answered that they had applied just analytical procedures to this balance as it was far less than their audit materiality.

Problems —
No supporting documents are kept for the suspense account, and the accuracy of "other" accounts may not be ensured.

Recommendation —
We recommend that the accounting team reviews the "Other" accounts to ensure that all balances are supported by documentation. In addition, the accounting team should determine whether items without supporting documentation should be written off.

Management Comments（Response to the Recommendation）—
I agree.
（Mr. xxxx, local CFO）

（参考訳）
その他勘定の点検について

背景 —
会計記録を査閲したところ，「その他」勘定に仮勘定残高が含まれていることを見つけました。経理マネジャーとの面談によると，それは以前の経理マネジャーから引き継がれたもので，裏付けとなる文書もないため不明とのことです。

この勘定残高に対し，どのような監査手続きが適用されたかを監査法人に尋ねたと

ころ，この残高は，監査の重要性閾値よりもはるかに小さいため，分析的手続きだけが実施されたと，監査法人は述べました。

問題点 ―
仮勘定については，証拠書類が保管されていません。また，「その他」勘定の正確性が確保されていないおそれがあります。

改善提案 ―
経理チームは「その他」勘定を再度点検し，すべての残高が書類によって裏付けられていることを確認すべきです。また，経理チームは，裏付け書類のない項目を償却する必要があるかどうかを判断すべきです。

マネジメント・コメント（改善提案に対する現地経営者の回答）―
同意します。
（現地CFO xxx氏）

資金管理

Cash Management

　事業や投資に回す予定のない余剰資金を株主に還元せず，企業がそれを保有し続けるのは，株主や投資家の視点で言うと，"罪"ということになります。株主還元されていれば，その資金を使って，株主はさまざまな投資を実行できていたはずなので，余剰資金を還元しないことは，株主の投資機会を失わせていることになります。よって，株主が出資先に対し，余剰資金について煩く言うのは当然のことです。

　資金は，一般的に，事業で獲得できる利益より少ない利回りなので，資金ショートしないよう最低限の資金で事業を回すのが，優れた資金管理ということになります。

1. 小口現金管理　Petty Cash Management

　現金など流動性の高い資産は盗難や横領の危険性が高いため，相互監視する体制や承認のない出金が実行できないような仕組みが必要です。また，横領やミスを検出するため，定期的にチェックすることも内部牽制上，重要です。

　以下は，小口現金管理に関する監査プログラムの例です。

1-1. 職務分掌　Segregation of Duties

1-1-1	**（出納係への牽制）** 職務記述書または組織図を査閲し，以下の職務が分離されていることを確認しなさい。 　　・小口現金の出納係 　　・現金の定期的なカウントと帳簿との照合 さらに，直近12か月間で実施された現金カウントの書類を閲覧し，出納係とは異なる者によって現金カウントと帳簿との照合が行われたことを確認しなさい。 **（Checking the Cashier）** Review job descriptions or organizational charts to ensure the following duties are separated: 　　・Petty cash clerk 　　・Regular cash counts and reconciling it with the ledger In addition, review the documents of cash counts performed during the last 12 months, and verify that the cash counts were performed and reconciled with the ledgers by a person other than the cashier.
1-1-2	**（会計業務の分離）** 職務記述書または組織図を査閲し，以下の職務が分離されていることを確認しなさい。 　　・小口現金出納 　　・会計帳簿への記帳 **（Separating Accounting Duties）** Review job descriptions or organizational charts to ensure the following duties are separated: 　　・Petty cash 　　・Accounting data input
1-1-3	**（出金承認）** 出金の中から判断して10件選び，出金が承認権限者によって承認されていることを確認しなさい。 **（Payment Approvals）** Select 10 transactions from the payments on a judgmental basis, and verify that the sampled payments were approved by authorized persons.

1-2. 手許現金　Cash on Hand

1-2-1	(小口現金の上限)
	オフィスにて保有する小口現金の上限が定められているか，現地の財務マネジャーに質問しなさい。
	(Upper Limit of Petty Cash)
	Ask the local financial manager if an upper limit on petty cash in the office is set.
1-2-2	(小口現金残高の水準)
	小口現金の記録を閲覧し，小口現金の上限が日常の支払いにおいて適切な水準かどうかを判断しなさい。
	(Level of Petty Cash Balance)
	Review the petty cash records and determine whether the petty cash limit is appropriate for day-to-day payments.
1-2-3	(インプレスト・システム)
	定額資金前渡制度（インプレスト・システム）が導入されている場合，残っている現金と領収証の合計金額が予め設定された金額と一致していることを確認しなさい。
	(Imprest System)
	If an imprest system is in place, ensure that the total amount of cash on hands and receipts matches the fixed amounts that the company has preset for the system.
1-2-4	(小口現金の廃止)
	クレジットカードや支払アプリの普及により，小口現金の利用頻度が少なくなっているならば，小口現金の廃止が可能か，現地経営者と議論しなさい。
	(Discontinuing Petty Cash Use)
	If petty cash is used less frequently due to the spread of credit cards and payment apps, discuss with local management whether it is possible to discontinue petty cash use.

1-3. 出金　Payments

1-3-1	**（出金承認）** 出金の中から無作為に10件選び，出金が承認権限者によって承認されていることを確認しなさい。 **(Payment Approvals)** Select 10 transactions from the payments on a haphazard basis, and verify that the sampled payments were approved by authorized persons.
1-3-2	**（支払いの確証）** 上記で選択された10件のサンプルについて，会社経費とされるに十分な情報や領収証があることを確かめなさい。 **(Evidences of Payments)** For the 10 samples selected above, verify that there is sufficient information and receipts to qualify them as company expenses.

1-4. 前払金　Cash Advances

1-4-1	**（前払いが認められる状況）** ルールまたはプロセスマニュアルを査閲し，現金の前払いが避けられない状況（緊急時など）でのみ行われることを確認しなさい。 **(Situations in which Cash Advances are permitted)** Review rules or process manuals to ensure that the cash advances are made only in unavoidable circumstances, such as urgent needs.
1-4-2	**（前払いの適時精算）** 現金前払いの台帳を査閲し，前払いが速やかに決済されていることを確認しなさい。 **(Prompt Settlement of Advances)** Review a cash advance ledger and verify that cash advances are promptly settled.
1-4-3	**（退職時のエグジット・チェックリスト）** 退職時のエグジット・チェックリストを査閲し，従業員が退職する前に前払金を精算したかどうかをチェックする項目がチェックリストに含まれて

第Ｘ章　資金管理　*191*

いることを確認しなさい。

（Offboarding Checklist）
Review an offboarding checklist and ensure it includes an item to check
if employees have settled their advances before they resign the company.

1-5.　現金実査　Cash Counts

1-5-1	（実査の定め） 小口現金は，少なくとも毎月１回実査されなければならない旨，ルールとして定められていることを確かめなさい。 （Cash Count Rules） Ensure that there is a rule that petty cash must be counted at least once a month.
1-5-2	（実査シート） 現金カウント用のシートがフォーマット化されていることを確認しなさい。 （Count Sheet） Ensure that a count sheet is formatted.
1-5-3	（実査） 直近12か月間で実施された現金カウント・シートを閲覧し，出納係や出金承認者とは異なる者によって現金カウントがチェックされたことを確認しなさい。 （Counting） Review the cash count sheets performed during the last 12 months, and verify that the cash counts were checked by a person other than the cashier and persons who approve cash payments.
1-5-4	（差異調整） 小口現金の帳簿残高と実際残高の差異が速やかに調整され，その調整が財務マネジャーによってレビューされていることを確認しなさい。 （Difference Reconciliation）

Ensure that the differences between the book balance of the petty cash and the actual count have been promptly reconciled and the reconciliation has been reviewed by the financial manager.

1-6. 保管　Safekeeping

1-6-1	（金庫） オフィス内に現金や小切手帳を保管するための金庫や鍵付きキャビネットがあることを点検しなさい。 （Safe） Ensure that there is a safe or a lockable cabinet in the office to store cash and checkbooks.
1-6-2	（鍵・暗証番号） 財務マネジャーに金庫の鍵またはPIN番号を誰が保管しているかを尋ね，限られた数の従業員のみが保管していることを確認しなさい。 （Keys/PIN numbers） Ask the financial manager who holds the keys or PIN numbers to the safe, and ensure only a limited number of employees have them.

■本節に関連する監査報告書の例

　従業員が単独で横領を行っていたというニュースを見ると，その多くは従業員に対する監視を怠り，内部牽制が働いていない組織で発生しています。

　下記は，小口現金管理の不備を指摘した報告書の文例です。

Petty cash counts should be reviewed and approved:

Fact —
During our audit, we confirmed that the cashier conducted petty cash counts on a daily basis. However, there was no documentation to prove that the counts were reviewed and approved by anyone other than cashier. We also found that there were no specific rules regarding cash counts.

第Ⅹ章　資金管理　*193*

Risk —

If petty cash counts are not reviewed, serious problems can arise, impacting financial integrity:

- Employees may take advantage of the lack of scrutiny to misappropriate funds.
- Lack of proper documentation makes it difficult to verify the legitimacy of expenses, potentially leading to unauthorized spending.
- Cash counts may be incorrect.
- Without periodic reviews, organizations may not identify inactive or excess petty cash funds.

Recommendation —

We recommend that the company puts a rule in place regarding petty cash counts, which requires that petty cash counts be reviewed and approved by a supervisor or a manager other than the cashier.

Management Comments (*Response to the Recommendation*) —

I agree. We will develop a rule for petty cash counts and conduct regular reviews or surprise inspections.

(Mr. xxxx, local CFO)

(参考訳)
小口現金カウントについて

背　景 —
小口現金担当が毎日小口現金のカウントを行っていたことを監査の中で確認できましたが、そのカウントが小口現金担当以外の者によって査閲・承認されたことを証明する文書はありませんでした。また、現金カウントに関する具体的な規則がないことも発見しました。

リスク —
小口現金のカウントが査閲されない場合、次のような重大な問題が発生し、財務の健全性に影響するおそれがあります。

- 従業員が監視の欠如を利用して資金を不正流用するかもしれません。
- 適切な文書がないと、経費の正当性を確認することが難しくなり、不正な支出につながるかもしれません。
- 現金カウントに誤りがあるかもしれません。
- 定期的な査閲がないと、組織は使用されていない現金や余剰現金を識別できな

いおそれがあります。

改善提案 ―
小口現金カウントに関する規則を整備するよう勧告します。小口現金カウントは，小口現金担当以外の管理者によって査閲および承認されることをその規則にて定めるべきです。

マネジメント・コメント（改善提案に対する現地経営者の回答） ―
同意します。小口現金カウントに関するルールを策定し，定期的または抜き打ちでカウントの査閲を実施します。
（現地CFO xxx氏）

2. 銀行預金管理　Bank Account Management

　銀行預金には最高レベルのセキュリティが要求されますので，多くの会社では，不正送金を防止するためのさまざまな体制や仕組みが整備されているはずです。

　以下に紹介された監査プログラムを実施した結果，何か不備が見つかったのであれば，大きな問題と認識し，直ちに改善勧告すべきです。

2-1.　職務分掌　Segregation of Duties

2-1-1	（送金担当者への牽制） 職務記述書または組織図を査閲し，以下の職務が分離されていることを確認しなさい。 　　・銀行送金 　　・預金残高の定期的確認と帳簿との照合 <hr> （Checking Bank Remittance Clerk） Review job descriptions or organizational charts to ensure the following duties are separated: 　　・Bank remittance clerk 　　・Regular bank confirmation and reconciling bank balances with the ledger

第Ⅹ章　資金管理　*195*

2-1-2	**（会計業務の分離）** 職務記述書または組織図を査閲し，以下の職務が分離されていることを確認しなさい。 　　・銀行送金 　　・会計帳簿への記帳 **（Separating Accounting Duties）** Review job descriptions or organizational charts to ensure the following duties are separated: 　　・Bank remittance 　　・Accounting data input

2-2.　通帳・小切手帳の保管　Maintenance for Passbooks and Checkbooks

2-2-1	**（安全保管）** 通帳および小切手帳が金庫など安全な場所に保管されていることを点検しなさい。 　　（注）　通帳を発行しないことが一般化しつつある国もあります。 **（Safety Maintenance）** Inspect whether passbooks and checkbooks are stored in a safe or other secure place. 　　（Note）　In some countries, it is becoming common not to issue passbooks.
2-2-2	**（小切手帳の管理）** 小切手帳を検査し，小切手帳にあらかじめ番号が付けられ，順番に管理されていることを確かめなさい。また，小切手控え（いわゆる小切手の耳）が適切に保管されていることを確認しなさい。 **（Maintenance of Checkbooks）** Inspect checkbooks to ensure that they are pre-numbered and sequentially controlled. In addition, ensure that check stubs are properly retained.
2-2-3	**（小切手帳へのアクセス）** 小切手帳へのアクセスが担当者に制限されているかどうかを財務マネジャーに尋ねなさい。

（Access to Checkbooks)
Ask the financial manager if the access to the checkbooks is limited to a person in-charge.

2-2-4	（無効小切手) 小切手の不正使用を防ぐために，無効になった小切手には「無効」スタンプを押して取り消したうえで，保管しておくことが必要ですが，それを確かめるため，小切手帳をチェックしなさい。 （Spoiled Checks) Check the checkbooks to ensure that spoiled checks have been cancelled with a "void" stamp and kept in order to avoid unauthorized use of checks.

2-3. 銀行振込み/送金　Transfer/ Remittances

2-3-1	（インターネット・バンキング) インターネット・バンキングの導入有無を財務マネジャーに尋ねなさい。 （Online Banking) Ask the financial manager if they have implemented online banking.
2-3-2	（インターネット・バンキングにおける職務分掌) 預金担当者が独自判断で送金処理ができないよう，インターネット・バンキングにおける送金処理と承認が分離されていることを確かめなさい。 （Segregation of Duties in Online Banking) Ensure that transaction processing and authorization in the online banking are separate so that a deposit clerk cannot make money transfers at his/her own discretion.
2-3-3	（振込み承認) 銀行振込みの中から無作為に10件選び，振込みが承認権限者によって承認されていることを確認しなさい。 （Transfer Approval) Select 10 transactions from the money transfers on a haphazard basis, and verify that the sampled transactions were approved by authorized

第Ⅹ章 資金管理 *197*

persons.

2-4. 残高調整　Balance Reconciliation

2-4-1	**（定期残高照合）** 直近12か月間のチェックリストを査閲し，銀行口座の残高が銀行口座担当者以外の人物によって少なくとも毎月チェックされていることを確認しなさい。 **(Periodical Balance Inquiries)** Review checklists for the last 12 months to ensure that all bank account balances are checked at least monthly by persons other than the bank account clerks.
2-4-2	**（残高の裏付け文書・データ）** 残高チェックリストを査閲した際，残高を裏付ける文書（たとえば，銀行取引明細書）またはデータ（インターネット・バンキングの残高画面）を使って，残高チェックを行っていることを確認しなさい。 **(Documents/Data supporting Balances)** When reviewing the balance checklists, confirm that the balance checks have been performed with documents (e.g., bank statements) or data (e.g., online banking screens) that support the balances.
2-4-3	**（調整）** 銀行取引明細書の残高が会社の帳簿残高と異なる場合があります。その場合，帳簿残高が正しいことを確かめるため，差異を分析して調整しなければなりません。差異がない場合であっても，調整項目がないことを確認するために調整表を作成する必要があります。調整が実行されていることを確認するため，過去6か月間の調整表を査閲しなさい。さらに，調整表が銀行口座担当者以外の者によって作成されていたことを確認しなさい。 **(Reconciliation)** The company's book balances may differ from the balances on the bank statements. The differences must be analyzed and reconciled to ensure the book balances are correct. Even if there are no differences, a bank reconciliation sheet must be prepared to ensure there are no reconciling

	items. Review reconciliation sheets for the last 6 months to ensure that the reconciliations have been performed. In addition, ensure that the reconciliation sheets were prepared by persons other than bank account clerks.
2-4-4	**(調整表のレビュー・承認)** 調整表をレビューした際，銀行口座担当者や調整表の作成者以外の者が調整表をレビュー・承認したかどうかを確認しなさい。 **(Review/Approval of Reconciliation)** During reviewing the reconciliations, verify whether the reconciliations were reviewed and approved by persons other than the bank account clerks and persons who prepared the reconciliations.

2-5. 銀行確認　Bank Confirmation

銀行確認は，会社の銀行取引に関連する財務情報を検証するため，次の手順で実行されます。

① 銀行口座担当者以外の者（確認担当者）が銀行に直接確認依頼を送ります。

② 会社は，銀行が確認担当者に情報開示することを認めます。

③ 銀行は確認担当者に直接，要求された情報を回答します。

④ 確認担当者は銀行の回答と会社の帳簿を比較し，相違があれば調査します。

銀行の確認書には，通常，（i）口座残高（例: 当座預金，普通預金，ローン），（ii）担保として保有されている有価証券，（iii）オフバランスシート項目（例：保証），および（iv）その他の銀行取引またはサービスなどの情報が含まれます。多くの銀行では，伝統的な郵送による手順の代わりに，（i）確認プロセスを合理化するデジタル・プラットフォーム，（ii）銀行が提供する独自のオンライン・ソリューション，（iii）第三者の確認代行サービスなどの電子確認オプションを提供しています。

2-5-1	**(銀行確認)** 銀行確認書を査閲し，会社が確認作業を実施したことを確認しなさい。

第Ⅹ章　資金管理　*199*

	（Bank Confirmations） Review the bank confirmation to verify that the company performed the verification.
2-5-2	（頻度） 確認手続がどのくらいのサイクルで行われているかを財務マネジャーに尋ねなさい。年に1回未満の場合，少なくとも年に1回は確認作業を行うよう勧告しなさい。 （Frequency） Ask the financial manager how frequently the confirmation process is conducted. If it is less than once a year, recommend that it should be conducted at least once a year.
2-5-3	（照合・調整） 調整表をレビューし，確認書残高と会社の帳簿残高との照合が実施され，差異調整されたことを確認しなさい。 （Verification and Reconciliation） Review the reconciliation sheets and ensure that the reconciliation of the confirmation balances with the company's book balances has been performed and any variances have been analyzed.

2-6.　資金繰り　Cash Flow Forecasts

2-6-1	（キャッシュフロー予測） 子会社が将来の資金ニーズを予測していることを確かめるため，最新のキャッシュフロー予測を査閲しなさい。また，債務弁済等，財務上の義務を満たすための資金が十分であることを検証しなさい。 （Cash Flow Forecasting） Review the latest cash flow forecasts to ensure the subsidiary company has projected future financial needs. In addition, verify that the company's funds are sufficient to meet financial obligations, including repayment of borrowings.
2-6-2	（将来の設備投資資金） 将来予想される資本的支出（CAPEX）とその資金調達方法について現地

CEOと協議しなさい。

(Funds for Future CAPEXs)
Discuss with the local CEO the expected capital expenditures ("CAPEXs") and how the CAPEXs will be funded.

■本節に関連する監査報告書の例

　記録の改ざんが可能であれば，預金の不正引き出しは隠蔽できます。しかし，何かのきっかけで不正が露見すると，不正の累計額は多額になっていたという事件は枚挙にいとまがありません。このような事件では，グループに与える影響度によって，開示事案になるかもしれません。

　下記は，銀行預金管理に関する内部統制上の問題点を指摘した報告書の文例です。

Direct bank confirmations should be performed:

Fact —
The company does not conduct direct bank confirmations. When we asked the local CFO why they do not conducted it, he told us that the financial team verifies that the book balances match the online banking system, so he has determined that the direct confirmation procedures are not necessary.

During our audit, we ensured that the financial team does in fact perform reconciliations to ensure that the bank account balances match the online banking system, and the financial manager verifies the reconciliations with copies of the online banking system.

Risk —
Due to different purposes between direct bank confirmations and bank reconciliations, one cannot replace the other.

The bank reconciliations highlight inconsistencies between the company's accounting records and the banks. However, the reconciliation alone may not be

第Ⅹ章　資金管理　*201*

sufficient to uncover fraudulent activities, especially if the company records are manipulated and/or supporting documents are falsified. Direct bank confirmations, on the other hand, are more effective in identifying discrepancies that may indicate fraud or misappropriation of funds, because the banks provide the balance and transaction information directly.

Recommendation —
We recommend that the company performs direct bank confirmations at least annually.

Management Comments（*Response to the Recommendation*）—
I agree. We will conduct regular direct confirmations of the bank balances and transactions.
（Mr. xxxx, local CEO）

（参考訳）
銀行への直接確認について

背　景 —
会社は，銀行への直接確認を行っていません。行っていない理由を現地CFOに尋ねたところ，財務チームが銀行口座の残高とインターネット・バンキングの残高が一致していることを確認しているため，直接確認は不要と判断したとのことでした。

確かに財務チームは，銀行口座の残高とインターネット・バンキングの残高が一致していることを確認するための照合を行っており，財務マネジャーはその照合を添付されたインターネット・バンキングのコピーで検証しています。

リスク —
直接銀行確認と銀行照合とは目的が異なるため，一方を省略できません。

銀行照合は，会社の会計記録と銀行の残高の不一致を明確にしますが，会社の記録の操作や裏付け文書の偽造が行われると，照合だけでは不正行為を発見するのに十分ではない可能性があります。一方，銀行への直接確認は，銀行が残高や取引の情報を直接提供するため，不正行為や資金の不正流用を示す不一致を特定するのに効果があります。

改善提案 —

少なくとも年に1度は直接銀行確認手続を実施すべきです。

マネジメント・コメント（改善提案に対する現地経営者の回答） ―
同意します。銀行残高・取引の定期的な直接確認を実施します。
（現地CEO xxx氏）

経費管理
Operating Expense Management

　経費管理は，日常的な費用を監視，管理，最適化するプロセスです。経費の一部には，その性質上，横領や浪費のリスクがあるため，経費承認者は証拠書類をレビューし，金額や支払先，経費内容をしっかり確認する必要があります。

1. 経費管理　Expense Management

1-1. 予算管理　Budget Control

1-1-1	（支出限度額） ３年間の営業費用の実績値を予算と比較し，各費用に対し，現実的な予算（支出限度額）が設定されていたかどうかを判断しなさい。 (Spending Limits) Compare the 3-year actual operating expenses to the budget and conclude whether realistic budgets (spending limits) were set for each expense.

1-2. 経費精算管理　Expense Settlement Management

1-2-1	（精算通知） ビジネスサイクルに合わせて経費が精算させるため，従業員に締め日と支払日を知らせるための通知が行われていることをチェックしなさい。

	（Settelement Notice） Review notifications informing employees of closing and payment dates to ensure expenses are settled in line with the business cycle.
1-2-2	（カットオフ） 経費データから経費発生月と計上月の異なるデータを抽出し，カットオフ・エラー（計上の期ズレ）を検出しなさい。そのようなフォレンジック・テクノロジーが使用できない場合は，特定月の経費ファイルを無作為に選択し，ファイリングされている仕訳伝票，請求書，経費報告書を査閲した上で，カットオフ・エラーを検出しなさい。 （Cut-off） Extract cut-off erros (i.e. accounting period mismatch) from expense data that indicates the difference between the month the expense was incurred and the month it was recorded. If such forensic technology is not available, haphazardouly select an expense file for a specific month, and review the journal entries, invoices, and expense reports in the file to detect the cutoff errors.
1-2-3	（経費処理の職務分掌） 経費報告書や支払請求を査閲し，ⅰ）経費・支払いの申請，ⅱ）承認，ⅲ）支払いが異なる者によって実行されることを確認しなさい。 （Segration of Duties in Expense Operations） Review expense reports and/or payment claims to ensure that i) expense/payment application, ⅱ) approval and ⅲ) payments are performed by different persons-in-charge.
1-2-4	（経費に対する内部チェック） 経費に関する現地の独立的な内部チェックが行われているかどうかを現地経営者に尋ねなさい。 （Internal Check of Expenses） Ask local management if an independent internal check on expenses is carried out locally.

■本節に関連する監査報告書の例

　経費にはさまざまな形態のものがあり，日々多くのものが発生します。発生

第XI章 経費管理 *205*

の都度，経費精算申請書の作成，上司による承認，財務部門によるチェックな
ど，多くの時間が費消されますが，経費処理は付加価値の低い事務作業と認識
されているため，負担感を感じている社員は多いのです。そこで，優れた経費
処理システムを導入することは，社員をより付加価値のある仕事に振り向ける
ために重要な施策となります。

　下記は，経費システムの陳腐化を指摘した報告文例です。

A new expense system should be implemented:

Fact —
Based on our review of expense for the fiscal year ending March 31, 20x5, we
found that travel expenses that should have been recorded in the fiscal year
ended March 20x4 had been recorded in the following fiscal year, due to delays in
submitting a lot of expense reports.

We conducted interviews with employees who delayed submitting the reports.
As a result, we found that all interviewees complained that spreadsheet expense
reporting are burdensome and time-consuming and discouraging employees from
submitting reports.

The company already has an IT system for the expense reports. However, the
system requires users to both enter data and attach spreadsheet files. This
means that the system is not designed to input all the necessary travel
information, so the company requires the employees to enter other necessary
travel information into spreadsheets and attach the files to the system.

Problem —
The company has had the expense system for over 15 years. The employees
have expressed dissatisfaction with this system. The current system is no longer
user-friendly and it is a burden on employees to use it to submit the expense
reports.

Recommendation —
We recommend the company to research and implement a new expense system.
A good systems has the following features to ease the processing burden on
employees:

- Fast approval processes,
- Mobile app for receipt uploads with OCR scanning,
- Automatic per diem calculation for business trips, etc.

Management Comments（Response to the Recommendation） —
I agree. We will budget for capital expenditures for the new expense system next year.
（Mr. xxxx, local CEO）

（参考訳）
新しい経費システムの導入について

背 景 —
20x5年3月期の経費精算を調査したところ，20x4年3月期に計上すべき旅費が翌期に遅れて計上されていました。多くの経費精算報告書の提出が遅れていたことが原因です。

報告書の提出が遅れた従業員にインタビューしたところ，インタビューを受けた全員が，スプレッドシートによる経費報告は面倒で時間がかかり，従業員が報告書を提出する意欲をそぐものだと不満を漏らしていました。

会社には経費報告用のITシステムがあります。しかし，このシステムでは，データ入力とスプレッドシート・ファイル添付の両方が必要です。つまり，このシステムは必要な出張情報をすべて入力できるように設計されていないため，会社は出張に関する必要なその他の情報を従業員にスプレッドシートへ入力させ，そのファイルをシステムに添付するよう求めています。

問題点 —
会社は15年以上，現在の経費システムを使っていますが，従業員はこのシステムに不満を抱いています。現在のシステムはもはやユーザーフレンドリーではなく，このシステムを使って経費報告書を提出することが従業員の負担になっています。

改善提案 —
新しい経費システムを研究し導入することをお勧めします。優れたシステムは，従業員の処理負担を軽減するために，次の機能を備えています。
- 迅速な承認プロセス
- OCRスキャンによる領収書アップロード用のモバイル・アプリ機能を有して

第XI章　経費管理　　*207*

いること
・出張時の日当自動計算など

マネジメント・コメント（改善提案に対する現地経営者の回答）――
同意します。来年は新しい経費システムのための設備投資予算を組みます。
（現地CEO xxx氏）

2.　リスクの高い経費の管理
Management of High-risk Expenses

　本節で列挙している経費は，浪費や使い込みなどのリスクがあるため，特別
の注意が必要とされるものです。
　それぞれの経費が抱える固有リスクに応じて，別個に監査プログラムを策定
する必要があります。以下はその一例です。

2-1.　出張　Business Travel

2-1-1	**（出張の事前承認）** 経費報告書または出張報告書を査閲し，出張前に出張が承認されているこ とを確認しなさい。<hr>**（Pre-approval of Business Trips）** Review expense or travel reports to ensure that the business travels have been approved in advance by persons in charge of authorization.
2-1-2	**（前払いの管理）** 経費報告書または出張報告書をレビューして，前払いとその精算が承認者 によって承認されていることを確認しなさい。また，前払いの個人別明細 を査閲して，前払いが精算されていない者に重ねて前払いが行われていな いことを確認しなさい。<hr>**（Management of Advance Payment）** Review expense or travel reports to ensure that cash advances and their settlements have been approved by persons in charge of authorization. In addition, review the ledger of cash advances broken down by individual, and ensure no additional advance has been approved for those

	who have not yet settled the previous advances.
2-1-3	（出張の証憑） 無作為に10件の出張を選択し，選択した出張の経費請求が領収書やチケットの半券などの証拠によって完全に裏付けられていることを確認しなさい。また，支払先，金額，日付など，経費精算書の情報が出張目的と一致していることを確認しなさい。 （Evidences of Business Trips） Select 10 travels on a haphazard basis and verify that the expense claims for the selected travels are fully supported with evidences such as receipts, ticket stubs, etc. Also, ensure that the payees, amounts, dates and other info in the expense reports match the travel purposes.

2-2. 交際接待および贈答　Entertainment and Gifts

2-2-1	（交際接待・贈答の事前承認） 経費報告書を査閲し，交際接待や贈答が承認者によって事前に承認されていることを確認しなさい。 （Pre-approval of Entertainment/Gifts） Review expense reports to ensure that the entertainment and gifts have been approved in advance by persons in charge of authorization.
2-2-2	（接待のチェック） 10件の接待行為を判断的にサンプリングし，経費報告書を査閲して，報告書承認時に以下の点が確認されたことを検証しなさい。 　　・接待の内容・目的 　　・接待を受けた相手（肩書を含む） 　　・接待したスタッフの名前 　　・日時と場所 　　・支出額 　　・領収証等の証拠 さらに，接待費があまりに贅沢でなかったかどうか，地方税の控除対象になるかどうかを現地の経理担当者に尋ねなさい。 （Check of Entertainment） Select 10 entertainment activities on a judgmental basis and review their

expense reports to verify that the following were confirmed at the time of authorization.

- Specifies and purpose of entertainment
- Parties who were entertained (incl. titles)
- Names of the staff who entertained
- Dates and places
- Amounts of expenditure
- Supporting evidences, such as receipts

In addition, ask the local accounting staff if the entertainment expenses were too extravagant and if they would be eligible for local tax deductions.

2-2-3	(贈答のチェック) 10件の贈答を無作為に選択し，経費報告書を査閲して，報告書承認時に以下の点が確認されたことを検証しなさい。 ・贈答の内容・目的 ・贈答を受けた相手（肩書を含む） ・日時 ・支出額 ・領収証等の証拠 さらに，贈答があまりに贅沢でなかったかどうか，地方税の控除対象になるかどうかを現地の経理担当者に質問しなさい。 (Check of Gift) Select 10 gifts on a haphazard basis and review their expense reports to verify that the following were confirmed at the time of authorization. ・Specifies and purpose of gifting ・Parties who were given the gifts (incl. titles) ・Dates ・Amounts of expenditure ・Supporting evidences, such as receipts In addition, ask the local accounting staff if the gift expenses were too extravagant and if they would be eligible for local tax deductions.
2-2-4	(違法行為の禁止に関する社内方針) 賄賂などの違法行為を禁止する方針があるかどうか，現地経営陣に尋ねなさい。そのような方針がない場合は，それを整備するよう勧告しなさい。 (Company Policy prohibiting Illegal Activities)

Ask the local management if they have a policy prohibiting bribery and other illegal activities. If they don't, recommend them to establish it.

2-3. 寄付　Donations

2-3-1	（寄付の事前承認） 経費報告書を査閲し，寄付が承認者によって事前に承認されていることを確認しなさい。 （Pre-approval of Donations） Review expense reports to ensure that the donations have been approved in advance by persons in charge of authorization.
2-3-2	（寄付のチェック） 10件の寄付を無作為に選択し，経費報告書を査閲して，報告書承認時に以下の点が確認されたことを検証しなさい。 ・寄付の内容・目的 ・寄付を受けた者 ・日時 ・支出額 ・領収証等の証拠 （Check of Donation） Select haphazardouly 10 donations and review their expense reports to verify that the following were confirmed at the time of authorization. ・Specifies and purposes of donations ・Recipient ・Dates ・Amounts of expenditure ・Supporting evidences, such as receipts

2-4. コーポレート・クレジットカード　Corporate Credit Card

2-4-1	（カード利用のルール） 幹部や従業員に対し，コーポレート・クレジットカードを貸与している場合，カード使用のルールが定められていることを確認しなさい。 　（注）　ここで言う「コーポレート・クレジットカード」とは，企業が幹部や

第XI章　経費管理　　*211*

従業員に発行する専用の決済カードで，幹部や従業員の個人資金を使わずに業務関連の買い物ができるようになるものです。使用すると，会社の預金口座から自動的に引き落とされます。

(Rule of Card Use)

If the company provides corporate credit cards to executives, managers and employees, verify that the company has rules in place for their use.

(Note)　"Coporate Credit Card" in this context is a specialized payment card issued by a company to its managers/employees, enabling them to make business-related purchases without using their personal funds. When they use the cards, money is automatically taken out of the company's savings account.

2-4-2	（カードの使用と経費の妥当性） 現地CEOのカード使用履歴から5件，その他の幹部の使用履歴から5件，無作為に選び，経費精算書が作成されていることを確認しなさい。また，それらの経費が会社の経費として適切かどうかを判断しなさい。 (Use of Card and Appropriateness of Expenses) Haphazardously select 5 items from the local CEO's card usage history and 5 items from the usage history of other managers, and verify that their expense reports have been created. Also, determine whether those expenses are appropriate as company expenses.

■本節に関連する監査報告書の例

会社の資産（現金や換金性の高い物）が横領され，それが上手く経費処理されてしまうと，その不正を見つけることが難しくなります。

下記は，経費管理や資産管理の不備が横領を起こしかねないことを指摘した報告文例です。

Records of gift cards and evidences
　of present should be kept:

Fact —
The Human Resource department (the HR or the HR department) gave employees gift cards for Christmas. We asked the HR to show us the gift card

records, but there were no records or evidence to prove that each employee was given a gift card.

We counted remaining gift cards and found the following discrepancy:

	Number of gift cards
Beginning balance （a）	0
Purchased （b）	1,000
Number of employees （c）	△940
Ending balance （d = a + b − c）	60
Our count （e）	48
Discrepancy （f = e − d）	△12

We asked the HR the reason for the discrepancy, but they do not know it. When the HR purchased 1,000 cards, the entire amount was recorded as an employee benefits expense.

Risk —
Some of the gift cards may have been misappropriated.

Recommendation —
Gift cards are easily converted into cash and should be stored and managed in the same secure manner as cash. We recommend that the HR department keeps records of gift cards and evidences proving that they were given to each employee.

Management Comments （Response to the Recommendation） —
I agree. I will instruct the HR to keep records of gift cards and evidence of present.
（Mr. xxxx, local CEO）

（参考訳）
ギフトカードの取扱いについて

背景 —
人事部は，クリスマスのお祝いのため，従業員にギフトカードを配りました。人事

部にギフトカードの記録を見せるよう依頼しましたが，カードの記録や各従業員にギフトカードが贈られたことを証明する証拠はありませんでした。

残ったギフトカードを数えてみたところ，次のような不一致が見つかりました。

	ギフトカードの数
期首残高（a）	0
購入数（b）	1,000
従業員数（c）	△940
期末残高（d＝a＋b－c）	60
我々が数えた数（e）	48
不一致（f＝e－d）	△12

人事部に不一致の理由を尋ねましたが，わかりませんでした。

リスク ―
ギフトカードの一部が横領されているかもしれません。

改善提案 ―
ギフトカードは簡単に換金できるため，現金と同じように安全に保管および管理する必要があります。人事部門は，ギフトカードの記録と各従業員にギフトカードが贈られたことを証明する証拠を保管すべきです。

マネジメント・コメント（改善提案に対する現地経営者の回答）―
同意します。ギフトカードの記録と贈呈の証拠を保管するように人事部に指示します。
（現地CEO xxx氏）

【付録】日本監査役協会ツール「往査ヒアリングチェックリスト」との関連

　公益社団法人 日本監査役協会のウェブサイト（電子図書館https://www.kansa.or.jp/support/library/）を閲覧すると，監査役監査に役立つさまざまな情報やツールが紹介されています。そのうち，海外子会社監査に関連する主な情報やツールは，次のとおりです。

- ・海外監査研究会報告「監査役の海外監査について」（2012年7月12日）
- ・海外監査研究会報告「国別海外監査ガイドブック」（2013年7月11日）
- ・ケーススタディ委員会「企業集団における親会社監査役等の監査の在り方についての提言」（2013年11月7日）
- ・「『親会社による企業集団の監査』に関するアンケート調査結果」（2019年6月14日）
- ・関西支部 監査役スタッフ研究会「グループ監査における親会社監査役会の役割と責任」（2023年8月1日）
- ・中部支部 監査実務チェックリスト研究会「監査実務チェックリスト研究会 報告書2023『監査役監査チェックリスト①〜③』」（2023年11月24日）
- ・監査業務支援ツール（2022年）　期中業務 関連ツール「B-1③　海外子会社ヒアリング依頼」
- ・監査業務支援ツール（2022年）　期中業務 関連ツール「B-2②　海外子会社事前調査表」
- ・監査業務支援ツール（2022年）　期中業務 関連ツール「B-3　往査ヒアリングチェックリスト」

　上記情報やツールのうち，「B-3　往査ヒアリングチェックリスト」は，活用されている監査役も多いかと思われますので，このチェックリストと本書における監査プログラムとの関連付けを次の表にて示します。なお，関連付けされた監査プログラムを実施したからといって，チェックを完遂したことにはなりませんので，ご注意ください。

チェック項目	サブ項目	チェックポイント	本書の関連個所
I. 経営全般			
1. 経営環境	①政治	政策・政治の安定度，またそれらが業務に与える影響の評価。	II.2-1
	②経済・金融	経済，金融および為替市場の実態および将来予測，またそれらが業務に与える影響の評価。	II.2-2
	③社会・文化	社会文化環境の実態および特性，流行などにおいて特段の対応を要する点があればその内容と結果。	II.2-3
	④労働環境	労働環境の実態および特性において特段の対応を要する点があればその内容と結果。	II.2-6
	⑤業界環境	業界の実態，競合状況などにおいて特段の対応を要する点があればその内容と結果。	II.2-7
2. 経営方針	①設立趣旨	会社・事業設立の趣旨に沿った活動をしているか，それともその後何らかの事情変化が生じているか。	III.1-2-1
	②本社との関係	本社部門の経営方針，使命付けは明確か。またその趣旨は徹底されているか。	III.2-1
3. 中期経営計画	①策定作業	中期経営計画の策定に際しては，本社との十分な議論とすりあわせが行われたか。	III.2-4-2, 2-4-5, 2-5-2
	②計画の評価	中期経営計画は合理的で整合的なものと捉えているか，それとも何らかの無理ないし問題があると考えているか，あるとしてそれは何か。	I.3-1-1, III.2-4-3
	③進捗状況	当期の経営目標について，進捗状況はどうか。目標達成が危ぶまれる場合，その理由および対策をどのように考えているか。	III.2-4-8
4. 経営組織・運営	経営組織・運営	組織および組織運営はどのようなものか。独自と思われる点はあるか。今後何らかの変更を計画しているか，またその内容は。	III.2-5-1〜3
5. 知的財	知的財産の	知的財産の管理体制は整備されているか。	II.2-5-8,

付　録　217

チェック項目	サブ項目	チェックポイント	本書の関連個所
産管理	管理状況	職務発明規程は整備されているか。	Ⅲ.3-2-7
6. 事前に指摘された問題点		往査前に発見，または指摘された問題について，実態把握と対応状況の確認。	——
7. 教育		策定した教育方針に基づき計画的に教育が運用実施されているか。	Ⅴ.2-6
8. その他		経営全般に関し，その他の特記すべき問題はあるか。	Ⅰ～Ⅲ
Ⅱ.　経営・部門別			
1. 財務	①負債	事業規模および内容との関係において，外部負債は適正規模の範囲内に抑えられているか。	Ⅹ.2-6-1
	②資金繰り	資金繰りは十分に把握，コントロールされているか。資金繰りの実態はどうか，頻繁に逼迫したりしているようなことはないか。	Ⅹ.2-6
	③資産	資産の保全は適切か。	Ⅹ.1-5-1～1-6-2, 2-2, 2-4
2. 生産	①発注	発注手続き，納期管理等は適切に行われているか。発注部署の独立性と定期的な人員交替は確保されているか。	Ⅶ.1-1-1～2, 2-2-2～3
	②検収	検収の手続き，検査，記録，関連部署への伝達等は規定に基づき適切に行われているか。	Ⅶ.2-3
	③製造	生産計画は適切に作成されているか。製造活動は，計画に基づき行われているか，また関連法規は遵守されているか。	Ⅷ.2-1
	④受注・出荷	受注および出荷決定の基準を明確に定め遵守しているか。受注および出荷処理は正確かつ効率的に行われているか。	Ⅵ.2-4

チェック項目	サブ項目	チェックポイント	本書の関連個所
	⑤仕入先管理	主要仕入先の品質・価格・納入等について適切な評価と管理はなされているか。	Ⅶ.2-1, 2-3
	⑥生産管理	生産過程全般の管理，ことに原価管理，工程管理，設備の保守，投資効果のフォロー等は適切になされているか。	Ⅷ.2-5, 2-2, 2-4-1, Ⅸ.2-1-5
	⑦在庫管理	原材料，仕掛品，半製品，製品等について，在庫の方針は示されているか，その適正在庫運用は確実に行われているか。	Ⅷ.4-2
	⑧品質管理	管理体制は整備されているか，問題はないか。	Ⅷ.3-2
3. 販売・マーケティング	①顧客管理	顧客の状況を的確に把握し，取引関係を正常に保つ管理を行なっているか。	Ⅵ.2-2, 2-3-3, 2-4-2, 3-2-5～7
	②サービス	顧客サービスの体制・運用は適切になされているか。補修，保証等に関する規程・運用は適切になされているか。	――
	③クレーム	クレームに対応する体制・運用は適切になされ機能しているか。	Ⅷ.3-2-12
	④売掛金回収	売掛金および売掛金回収の管理は整備され運用されているか。	Ⅵ.3-2
4. 人事	①人事制度	（子会社の場合）人事に関する基本方針，就業規則，労働時間規程，人事考課・昇進・給与制度等は適切に作成・運用されているか。	Ⅴ.1-1-1, 2-1-5～8, 2-3-5, 2-2-1～4
	②現地化対応	（海外子会社の場合）人事制度全般について，現地化対応は適切・公平になされているか。本社の方針・制度との整合性は十分に考慮されているか。	Ⅴ.2
	③労働環境	安全，健康，福利厚生，ハラスメント対策等の対応は十分か。規制，本社方針との整	Ⅴ.2-5, 2-9-2～3, Ⅷ.2-6,

付　録　219

チェック項目	サブ項目	チェックポイント	本書の関連個所
		合性は十分に考慮されているか。	V.1-1-2
	④人事問題	現地社員（海外子会社の場合），派遣社員について問題はないか。不祥事の発生はないか。ハラスメント等の問題はないか。	I.3-4, V.1-1-2
	⑤労務問題	（子会社の場合）組合はあるか。あるとして，組合との対応方法は整備されているか。問題発生の事例はあるか。	V.1-1-4, Ⅷ.2-3-1
5. 情報システム	①基本体制	どのような方針でシステムの構築・運営がなされているか。独自システムがある場合，本社システムとの連動性，整合性はどのように考えられているか。	Ⅳ.1-1-1
	②経営支援	経営・事業側からは，どのような要望が出されているか。適切に対応しているか。	Ⅳ.1-1-1
	③情報管理	情報管理体制は整備できているか。	Ⅳ.7
	④セキュリティ対策	外部からの侵入に対する対応体制は整備されているか。企業機密の社外流失保護体制はできているか。	Ⅳ.7-1-3, 7-1-6～9
6. その他		その他特有かつ検討の対象とすべき事項および事業分野はあるか。	——
Ⅲ.　内部統制			
1. 統制環境（子会社の場合）	①本社の基本方針	本社の内部統制に関する基本方針は確立されているか。それは，内部に徹底されているか。	——
	②事業会社の基本方針	独自に内部統制の基本方針は確立されているか。本社の方針との整合性は取れているか。それは，内部に徹底されているか。	——
	③経営目的および方針	経営目的および方針は確立されているか。それは社内に正確に伝達され，遵守されているか，また随時検証されているか。	Ⅲ.2-1-2, 2-4-1, 2-4-4, 2-4-7

チェック項目	サブ項目	チェックポイント	本書の関連個所
	④諸規則の整備・運用	定款，取締役会規則，職務権限規程，経理規程，就業規則などの社内諸規則・規程は整備・運用しているか。また，随時アップデートされているか。	Ⅲ.1-1-1, 2-5-5, 3-1-1
	⑤マニュアル	規則・規程に沿ったマニュアル（業務処理細則）は整備されているか。また，随時アップデートされているか。運用状況の監視は出来ているか。	Ⅲ.2-5-5
	⑥機関	株主総会，取締役会等の決定機関は適正に機能しているか。議事録は整備されているか。	Ⅰ.1-1-2, 2-1-2
	⑦内部統制システム整備・運用状況	内部監査人から指摘された項目の対応はどのよな計画ですすめているのか。（内部統制報告書，内部通報制度など）	Ⅲ.2-7-2〜3
2. コンプライアンス	①体制	コンプライアンスに関わる組織および運用体制は整備されているか。委員会，ホットライン等の整備状況はどうか。	Ⅲ.2-2-3, Ⅰ.3-4
	②方針	コンプライアンスに関する基本方針，実施細則等の規程類は整備されているか。	Ⅲ.2-2
	③啓蒙活動	コンプライアンス維持のため必要と思われる啓蒙活動は行われているか。本社の企業行動基準は遵守しているか。	Ⅲ.2-3-1, 2-2-1
	④リスク分析	コンプライアンスに関わるリスク分析は適切に行われているか。	Ⅱ.1, 2-5, 2-6
3. リスク管理	①リスク管理体制	リスク管理のための体制は整備され，適切に機能しているか。リスクの把握と分析・評価は適切に行われているか。	Ⅱ.1
	②事業に関わるリスク	本社で策定した事業リスクは理解し，外部および内部の要因に基づく諸々のリスクに関して，十分な分析・評価と対応が行われているか。	Ⅱ.1-1-1〜1-2-3

チェック項目	サブ項目	チェックポイント	本書の関連個所
	③環境問題	ISO対応等の基本方針は確立されているか，環境リスクの分析と対策は適切に行われているか，廃棄物処理・危険物管理等に関する規制対応は適切になされているか，大気汚染，排水汚染，騒音等に関するクレーム対策は適切に行われているか。	VIII.2-7, II.2-7-11〜13
	④安全・衛生リスク	安全・衛生に関するリスクの把握と対策は適切に行われているか。	VIII.2-6, II.2-6-2
	⑤労働災害	労災事故発生時の対応方針は確立しているか。爆発等大型の設備事故に対する対応は考えられているか。事例はあるか。	VIII.2-6-3
	⑥自然災害	台風，地震，高潮，火災等の自然災害発生時の対応方針は確立しているか。必要な訓練は実施されているか。	II.3-1
	⑦福利厚生	健康管理等を含む福利厚生制度は整備されているか。	V.2-5-1〜2
	⑧非常時対応	大型の自然災害，クーデター・テロ・暴動の発生や広域の停電等の非常時への対応体制は整備されているか。非常時連絡網，危機管理体制などは整備されているか。必要な訓練は実施されているか。	II.3-1, V.2-9-2〜3
	⑨訴訟問題	紛争，係争問題発生時に対する対応は整備されているか。	II.2-1, 2-3
	⑩リスクの棚卸	定期的にリスクの棚卸を実施してリスク改善を図っているか。	II.1-1-2
4. 財務情報の開示の信頼性	①会計基準	会計基準・会計処理方針は明確に整備され，必要に応じて随時アップデートされているか。	III.3-1-1
	②本社との関係	（海外子会社の場合）現地ベースでの会計基準・会計処理方針と，本社のそれとの違いは明確に把握されているか。開示目的に	III.3-1-3

チェック項目	サブ項目	チェックポイント	本書の関連個所
		応じて修正が必要な場合に，その理由と方法は常に適切に判断され，処理されているか，またその過程は適切に記録されているか。	
	③日常の活動レベル	統制活動に属する日常の活動レベルでの処理について，「財務開示の信頼性」に関わる部分については処理方針が明確に定められ，記録されているか。また，その検証方法についてのルーティーンが確立されているか。例えば，帳簿の点検ルーティーンは確立されているか，業務の役割分担のアレンジによる牽制効果は考慮されているか，等々。	III.2-6-1
5. 情報と伝達	①社内のコミュニケーション	組織内部で，上から下，下から上，横など様々のチャンネルの情報伝達は適切に行われているか。	III.2-5-1〜3
	②社外とのコミュニケーション	外部とのコミュニケーションのチャンネルは確保され，機能しているか。	——
	③ITの利用	コミュニケーションの手段として，ITの環境が十分であり，かつ適切に利用されているか。	IV.2
6. 監視	セルフ・アセスメント	独自に内部監査を実施しているか。している場合，その活動内容はどうか。	III.2-7
7. その他		その他内部統制に関して特記事項あるか。	——
IV. 会計・税務			
1. 財務諸表の正確性	①全体把握	従来実績，事業会社独自の目標数字，本社からの指示等，様々な角度から見て，前期の財務計数に無理な点，不自然と思われるところはないか。	——

付　録　223

チェック項目	サブ項目	チェックポイント	本書の関連個所
	②会計監査	会計監査の方法および結果の確認。決算処理に際して，経営側と意見の食い違いがあったかどうか，あった場合には，最終処理はどうしたか。	Ⅲ.3-3-5
	③マネジメント・レター	会計監査人による指摘があった場合，その内容および受領後の経営側の対策の状況はどうか。	Ⅲ.3-3-5
2. 税務	①税務処理	現地規制による標準的な税務処理の概要はどういうもので，どこに特殊性があるか。本社との関係において，現地の税務処理は適切であったか。	Ⅲ.3-4
	②税務問題	当期又は中長期に亘る税務問題はあるか。将来移転価格の問題が発生する可能性はないか。	Ⅲ.3-4-3
3. 作業過程の着眼点	①特殊取引	デリバティブズ，SPC，ファシリテーション・フィー等の特殊取引がある場合には，その記載方法および計数は妥当なものか，処理は適切か。	Ⅲ.3-2-8
	②与信管理	与信の管理方法は確立されているか。不良債権に関する引当てのルールは適切に整備されており，かつ運用されているか。	Ⅵ.2-2, 3-2-8, Ⅲ.3-2-3
	③在庫管理	在庫の管理方法は確立されているか。不良在庫に関する評価および引当てのルールは適切に整備されており，かつ運用されているか。	Ⅷ.4-2, Ⅲ.3-2-4
	④簿外債権・債務	どのようなものがあるか。問題はないか。	Ⅲ.3-2-6, 3-2-8
	⑤その他の諸項目	外貨建債権債務の評価，リース資産の償却，繰延勘定，税効果会計，減損会計，連結決算対象先の範囲，年金，退職金，利益処分等々について，現地のルールはどのようなものか，また実際の処理結果は適切か。	Ⅲ.3-1-1, 3-1-3, 3-2

チェック項目	サブ項目	チェックポイント	本書の関連個所
	⑥決算作業	決算整理段階において，どのような項目が問題となったか。在庫評価，引当て，簿外処理，訴訟案件等々に関して，どのような点が検討され，どのように決着したか。	Ⅲ.3-2
4. その他		その他会計・税務に関する特記事項あるか。	――
Ⅴ．現地問題（海外子会社の場合）			
1. 本社との関係	①予算管理	予算と実績との比較は本社，子会社の双方で適時にフォローできる体制になっているか。未達が見込まれる場合に，対応を臨機に本社と協議できる体制になっているか。	Ⅲ.2-4-11
	②本社主管部門との関係	適切で健全な関係を維持できているか。本社の圧力が不当にかかったり，あるいは本社が過度に無関心になっているようなことはないか。子会社と管理部門の本社担当窓口が違うために，本社方針が食い違うというようなトラブルはないか。	Ⅰ.3-1
	③本社との取引	本社および現地国の規制に従って，公正・適切に行われているか。	Ⅰ.3-2-1
	④コミュニケーション	公用言語は何か，それは機能しているか。また，本社とのコミュニケーション上の問題はないか。	――
	⑤本社への要望事項	本社への要望事項があるか。	Ⅰ.3-1-2
2. 法制度	①法制度一般	日本・現地の関連法規のうち，特に遵守が必要なものを正しく把握し，適時にアップデートできる体制になっているか。	Ⅱ.1-1, 2-5
	②弁護士	現地弁護士を活用しているか。	Ⅲ.1-1-2
	③会計	現地規制へ対応できているか。	Ⅲ.3-1-3, 3-3
	④税務	現地税制および租税条約等に対応できているか。	Ⅲ.3-4

付　録　*225*

チェック項目	サブ項目	チェックポイント	本書の関連個所
	⑤情報開示等	所在国における開示・登記等に関する義務はどのようなものがあるか，その遵守状況はどうか。	Ⅲ.1-1-1, 1-2
3. 事業パートナー	①契約	事業パートナーとの契約に問題ないか。	Ⅰ.1-2
	②業務内容	経営に関する異論などないか，技術提携の可能性はないか，本社への要望事項が出されていないか。	Ⅰ.1-2-3
4. 地域対策	①全体	地域対策全般。	——
	②現地	行政およびコミュニティ対応はうまく出来ているか。	——
	③日本人会	日本人会のような組織にはどのように対応しているのか。	Ⅴ.2-9-1
	④CSR	CSRへの対応方針で特記すべき事項はあるか。	Ⅲ.4
5. 派遣社員およびその家族		セキュリティ・医療・子女教育等の現状はどうか，問題や改善を要する点はないか。	Ⅴ.2-9-2～3
6. その他		その他特有の問題はあるか。	——
Ⅵ. その他			
1. 会計監査	①監査事務所名	お聞かせ下さい。	Ⅲ.3-3
	②監査日数，報酬，担当会計士数	契約した内容をお聞かせ下さい。	Ⅲ.3-3
2. 調達	①調達の状況	お聞かせ下さい。	——

チェック 項目	サブ項目	チェックポイント	本書の 関連個所
	②調達ス タッフ数	お聞かせ下さい。	——
	③業者決定	業者決定の手続きは規定どおりに運用されていますか。定期的にモニタリングしていますか。	Ⅶ.2-1
	④価格決定	単価決定は規定どおりに運用されていますか。定期的にモニタリングしていますか。	Ⅶ.2-1
	⑤発注量決定	生産活動に見合った要求部門からの正しい調達要求が出来ていますか。	Ⅶ.2-2-2
3. 支払条件	①売り	お聞かせ下さい。	Ⅵ.3-2-2
	②買い	お聞かせ下さい。	Ⅶ.2-1-1
4. 物流	①製品納入状況	お聞かせ下さい。	Ⅵ.2-4-2
	②部品搬入状況	お聞かせ下さい。	Ⅶ.2-2-3

〈参考文献〉

『グループ監査における親会社監査役会の役割と責務』日本監査役協会関西支部。

『会計不正事例と監査』吉見宏，同文舘出版。

『最近の企業不祥事—不正をなくす社外取締役・監査役とは—』柏木理佳，税務経理
　　協会。

『海外事業の監査実務』長谷川俊明，中央経済社。

「昨今の品質不正事案の動向と企業としての対応」アンダーソン・毛利・友常法律事
　　務所外国法共同事業，西谷敦・大西良平・木下岳人・中川佳直『月刊監査役』
　　No.765（2024年8月号）。

『トヨタで学んだ工場運営—海外工場へはどのように展開したのか—』雨澤政材，日
　　刊工業新聞社。

『生産現場のリーダーの実務がよ〜くわかる本 生産管理のための実務・業務マニュア
　　ル』菅間正二，秀和システム。

『生産管理の実務と問題解決 徹底ガイド』神谷俊彦，アニモ出版。

『海外子会社の内部統制評価実務』EY新日本有限責任監査法人，同文舘出版。

『ものづくりに役立つ経営工学の事典』日本経営工学会，朝倉書店。

あ と が き

　監査役監査とは異なり，公認会計士による会計監査の世界では，公認会計士や監査法人は職業会計士協会のレビューや監督当局の検査を受けるため，監査に関する規則や基準を遵守した業務が常に求められます。また，会社の破産時には公認会計士の責任が問われてきた歴史もあり，訴訟に耐えうる監査技術や手法が磨かれてきました。

　一方，日本の監査役に関しては，監査役個人が責任を追及された事例は少ないせいか，監査役の業務の進め方は会社ごとに違いが大きく，監査経験がないまま監査役に就任するケースも多いため，自己流のやり方が定着しやすい状況にあります。

　役員という立場上，他者から指導や叱責を受ける機会が少なく，能力向上の場も限られています。また，ピア・レビューのような仕組みも存在せず，監査役の監査品質について第三者の検査を受けたり改善を促されたりすることはありません。そのため，前例を踏襲した方法が良いか悪いかを判断する機会がないまま，任期が終わってしまうことが多いのではないでしょうか。

　幸いにも私は，三様監査すべてを経験する機会に恵まれました。公認会計士として上場企業の会計監査に従事したり，クライアントの依頼で海外拠点の内部監査を行ったり，さらには上場企業の監査役として業務監査や海外子会社の調査にも携わったりすることができました。

　その中でも最も難しいと感じたのが，監査役監査です。何を実施すれば善管注意義務を果たしたといえるのか——。その問いに悩む中，日本監査役協会の研修を受講したり，研究論文を参考にしたり，他社の監査役の皆様と意見交換を重ねました。

　その結果，善管注意義務を果たすために最も重要と考えたのは，「リスクに対する感受性（リスクの識別）」です。

　もちろん，リスクを識別するためには，情報収集は欠かせませんが，得られ

た情報に対するリスクの識別は，人によって大きく異なります。同じ情報を得ても，必ずしも同じリスクを識別できるとは限りません。たとえば，「ある自社製品の販売が終わる」という情報を得たとしましょう。この情報からは，当然に将来の売上が減るというリスクが予想されますが，リスクはそれだけではないかもしれないのです。たとえば，その製品を生産していた製造ラインの人員が過剰になるかもしれないというリスク，そのラインの設備を除去しなければならなくなるリスクや減損のリスク，さらには後継機種の開発に時間がかけられないことによる不良品発生のリスクなどが他にも予想されます。自社のビジネス特性に応じて，どこまでリスクを想定するかを慎重に見極めてほしいと思います。

　本書では，海外子会社を往査する前に確認すべきポイントをたくさん例示しましたので，識別すべきリスクを再確認するために役立つでしょう。どうか有効にご活用ください。

索　引

【あ行】

ITインフラ ······························ 60
アクセス・コントロール ············· 71
安全管理 ································ 145
インセンティブおよび賞与 ··········· 88
売上債権管理 ·························· 106
親会社からのプレッシャー ··········· 10

【か行】

会計監査 ································· 48
会計分野の代表的トピックス ········· 46
解雇/退職 ······························ 92
株主間協定/ジョイント・ベンチャー
　契約 ·································· 2
環境管理 ······························ 148
企業理念 ································ 34
寄付 ··································· 210
給与計算 ································ 86
教育/訓練 ······························ 90
業績評価 ································ 87
銀行確認 ······························ 198
銀行振込み/送金 ······················ 196
銀行預金管理 ·························· 194
経費管理 ······························ 203
経費精算管理 ·························· 203
契約 ··································· 102
契約および発注 ······················ 121
原価管理 ······························ 143
現金回収管理（消し込み）··········· 109
現金実査 ······························ 191
憲章/規則 ······························ 52
現地株主総会 ···························· 1
現地株主総会および株主に関連する
　事項 ································· 1
現地経営者による不正行為の防止 ······ 9

現地経済に関するリスク ·············· 20
現地政治に関するリスク ·············· 20
現地取締役会 ···························· 5
検品 ··································· 122
現品管理 ······························ 166
現物管理／保全 ······················ 173
交際接待および贈答 ·················· 208
工場の組織 ···························· 131
行動規範 ································ 34
購買管理 ······························ 119
コーポレート・クレジットカード ··· 210
顧客情報管理 ·························· 104
小口現金管理 ·························· 187
固定資産台帳 ·························· 173
コンプライアンス ····················· 79

【さ行】

在庫管理 ························· 165, 167
債務残高の確認 ······················ 127
財務報告（会計監査およびタックス・
　マネジメントを含む）··············· 44
財務報告の基盤 ······················ 45
採用/雇用 ······························ 83
サステナビリティ ····················· 52
残高調整 ······························ 197
仕入債務管理 ·························· 126
仕入先の選定 ·························· 119
事業および環境に関するリスク ······ 25
事業継続計画 ·························· 26
事業の法令遵守 ······················ 31
資金繰り ······························ 199
支払手続 ······························ 126
社会運動などに関するリスク ········· 21
出金 ··································· 190
出張 ··································· 207
取得・除却・処分 ···················· 177

取得および資本的支出 ················ 177
昇進/降格 ····························· 91
少数株主 ······························· 3
情報セキュリティおよびデータ管理
  ····································· 72
除却・処分 ··························· 179
職務分掌 ············· 40, 62, 97, 98, 115,
       116, 131, 133, 188, 194
人材管理 ····························· 83
信用管理 ···························· 101
請求書の発行 ······················· 107
生産管理 ···························· 135
生産計画 ···························· 135
生産現場 ···························· 136
製品出荷 ···························· 103
設備管理 ···························· 142
戦略 ································· 53
戦略，計画および予算 ················ 36
戦略および計画 ······················ 59
組織 ···························· 53, 131
組織および社内規則 ·················· 38
その他資産（会員権など） ············ 182
その他資産管理 ····················· 182
ソフトウェア管理 ···················· 67

【た行】

タックス・マネジメント ·············· 50
通帳・小切手帳の保管 ··············· 195
テクノロジーに関するリスク ·········· 21
デバイス管理 ························ 64
手許現金 ···························· 189
統制環境 ···························· 34
トップの姿勢 ························ 35

【な行】

内部監査 ···························· 42
内部通報システム ···················· 12

【は行】

販売管理 ···························· 100
非経常的な取引 ······················ 10
品質管理 ························ 152, 155
品質試験 ···························· 162
品質保証システム ··················· 153
福利厚生/役員特権 ··················· 89
不正防止 ···························· 80
法定書類 ···························· 30
法律上のリスク ······················ 22
法令遵守 ························· 30, 79
保管 ······························· 192

【ま行】

マーケティング/営業活動 ············ 101
前払金 ····························· 190
マスターファイル管理 ··············· 123

【や行】

有形固定資産の保全 ················· 174
予算管理 ···························· 203

【ら行】

利益相反 ···························· 11
リスク・プロファイル/海外子会社に
  おける代表的なリスク ············· 19
リスクの識別 ························ 15
リスクの識別・評価およびリスク
  対応 ····························· 15
リスクの高い経費の管理 ············· 207
リスク評価 ·························· 16
リスクへの対応 ······················ 17
労務管理 ···························· 140
労務上のリスク ······················ 24

《著者紹介》

田中　達人（たなか　たつひと）

公認会計士
田中達人公認会計士事務所　　e メール：tattanak@ms02.jicpa.or.jp

1991年	Price Waterhouse青山監査法人 東京事務所入所（会計監査サービス）
1998年	PricewaterhouseCoopersホーチミン事務所（ベトナム）へ出向
2000年	PricewaterhouseCoopersバンコク事務所（タイ）へ出向
2002年	PricewaterhouseCoopers北京事務所（中国）へ出向
2003年	PricewaterhouseCoopers中央青山監査法人に帰任
2005年	ソフトバンク（株）に入社（業務監査室マネジャー）
2007年	PwCあらた監査法人に入所（内部監査の受託サービス・内部統制アドバイザリー・サービス）
2011年	フォスター電機（株）（現，プライム上場企業）に入社（経理部長）
2014年	同社執行役員（管理本部長）
2018年	同社上席執行役員
2021年	Foster Electric（U.S.A.），Inc.（米国シカゴ）へ出向
2023年	フォスター電機（株）常勤監査役

[著書]

『リスクマネジメントと内部監査』（単著，同文舘）
『内部統制報告制度（J-SOX）導入後の先進的内部監査ガイドブック』（分担執筆，清文社）

海外子会社の監査プログラム——すぐに役立つ英和対照チェックリスト

2025年 4 月10日　第 1 版第 1 刷発行

著　者	田　　中　　達　　人	
発行者	山　　本　　　　　継	
発行所	㈱ 中　央　経　済　社	
発売元	㈱中央経済グループ パ ブ リ ッ シ ン グ	

〒101-0051　東京都千代田区神田神保町1-35
電話　03（3293）3371（編集代表）
　　　03（3293）3381（営業代表）
https://www.chuokeizai.co.jp

© 2025
Printed in Japan

印刷／三英グラフィック・アーツ㈱
製本／(有) 井 上 製 本 所

＊頁の「欠落」や「順序違い」などがありましたらお取り替えいたしますので発売元までご送付ください。（送料小社負担）

ISBN978-4-502-53291-7　C3034

JCOPY〈出版者著作権管理機構委託出版物〉本書を無断で複写複製（コピー）することは，著作権法上の例外を除き，禁じられています。本書をコピーされる場合は事前に出版者著作権管理機構（JCOPY）の許諾を受けてください。
JCOPY〈https://www.jcopy.or.jp　e メール：info@jcopy.or.jp〉

■最新の監査諸基準・報告書・法令を収録■

監査法規集

中央経済社編

本法規集は，企業会計審議会より公表された監査基準をはじめとする諸基準，日本公認会計士協会より公表された各種監査基準委員会報告書・実務指針等，および関係法令等を体系的に整理して編集したものである。監査論の学習・研究用に，また公認会計士や企業等の監査実務に役立つ1冊。

《主要内容》

企業会計審議会編＝監査基準／不正リスク対応基準／中間監査基準／四半期レビュー基準／品質管理基準／保証業務の枠組みに関する意見書／内部統制基準・実施基準

会計士協会委員会報告編＝会則／倫理規則／監査事務所における品質管理　《**監査基準委員会報告書**》　監査報告書の体系・用語／総括的な目的／監査業務の品質管理／監査調書／監査における不正／監査における法令の検討／監査役等とのコミュニケーション／監査計画／重要な虚偽表示リスク／監査計画・実施の重要性／評価リスクに対する監査手続／虚偽表示の評価／監査証拠／特定項目の監査証拠／確認／分析的手続／監査サンプリング／見積りの監査／後発事象／継続企業／経営者確認書／専門家の利用／意見の形成と監査報告／除外事項付意見　他《**監査・保証実務委員会報告**》継続企業の開示／後発事象／会計方針の変更／内部統制監査／四半期レビュー実務指針／監査報告書の文例

関係法令編＝会社法・同施行規則・同計算規則／金商法・同施行令／監査証明府令・同ガイドライン／内部統制府令・同ガイドライン／公認会計士法・同施行令・同施行規則

法改正解釈指針編＝大会社等監査における単独監査の禁止／非監査証明業務／規制対象範囲／ローテーション／就職制限又は公認会計士・監査法人の業務制限